かんたんで、かわいい。
手作りアクセサリー

監修
貴和製作所

repicbook

レシピ一覧

作品によっては、イヤリングとピアスの付け替えが可能です。
詳しくは店舗にてご相談ください。

基本知識　～工具編～　　4
基本知識　～パーツ編～　　6
基本のテクニック　　8
レジンの使い方　　12

1　14ページ

2　14ページ

3　16ページ

4　16ページ

5　18ページ

6　18ページ

7　20ページ

8　20ページ

9　22ページ

10　22ページ

11　24ページ

12　26ページ

13　26ページ

14　28ページ

15　28ページ

16　30ページ

17　30ページ

18　32ページ

19　32ページ

20　34ページ

21　34ページ

22　36ページ

23　36ページ

24　38ページ

25　38ページ

26　40ページ

27　40ページ

28　42ページ

29　44ページ

30　44ページ

基本の知識 ～工具編～

最初に揃える工具：工具3点セット(ケース付)

平ヤットコ

先が平たいため、つかみやすく力が入りやすい。主に丸カンの開閉やつぶし玉をつぶすときに使用します。

丸ヤットコ

先が丸いため、主に9ピンやTピンの先を丸めて輪を作るときに使用します。

ニッパー

テグスやワイヤー、ピン類を切るときに使用します。

ケース（ブラウン）

工具類を収納します。

必要に応じて揃える工具

指カン

丸カンやCカンを開閉するときに使用します。丸カンやCカンの線径で、使用する指カンのサイズが変わります。

接着剤

多目的クラフトボンドは、接着時間がゆっくりなので、接着後の調整が可能です。SUボンドは硬化が早くより強力に接着できます。

目打ち

パーツの穴のつまりを取り除いたり、チェーンのコマを広げたりするときに使用します。

ゴム台

目打ちでチェーンのコマを広げるときに下に敷きます。

チェーンのコマの広げ方

広げたいコマに目打ちをさし、ぐりぐりと回して広げていく。

チェーンの輪の一つ一つを「コマ」といいます。チェーンにパーツを通すとき、先にコマを広げておくと作業が楽になります。
コマを広げると強度が下がるため、様子を見ながら少しずつ広げるようにします。

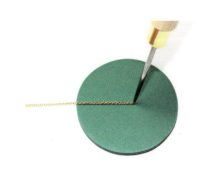

基本の知識 ～工具編～

レジンに必要な工具と材料

UVレジン液

紫外線で硬化する1液性の透明樹脂液で、強くて固い仕上がりで接着力があります。UVライトや太陽光（紫外線）で固めて樹脂アクセサリーを作る事ができます。

UVライト

レジン液を短時間で硬化させるときに使用します。光が漏れ出ないように照射中はアルミホイルでフタをすると安心です。電球は交換が可能です。

着色剤

レジン液に色をつけたいときに使用します。液体タイプと粉末タイプがありますが、液体タイプの方が扱いやすいです。

ラメ・フレーク

レジン液に混ぜて色や質感に変化をつけるために使用します。

ミール皿

レジン液を流し込んだり、パーツを貼り付けたりするための土台です。石座も同じように使用できます。

レジン用作業台

粘着面を上にしたマスキングテープをクリアファイルに固定して作ります。レジン液がフレームの裏から流れ出さないように、この上に置いて作業します。硬化時は作業台ごとＵＶライトに入れます。

フレームパーツ

レジン液を流し込むための底のないパーツです。レジン用作業台に置いて使用します。

モールド

レジン液を流し込んで硬化させるための型です。様々な形があります。

竹串、つまようじ

パーツを配置したり、レジン液や接着剤を塗ったりするときに使用します。

はさみ

リボンや糸を切るときに使用します。

基本の知識 〜パーツ編〜

ピン類・カン類：パーツ同士をつなげるときに使用する

| 丸カン | 三角カン／Cカン | 9ピン | Tピン |

パーツをつなぐ基本的な金具です。丸カンは種類が多く、Cカンは丸カンよりも外れにくいのが特徴です。

先端を丸めて他のパーツとつなぎます。通したいパーツより1cm以上長めのものを選ぶのがコツです。

エンドパーツ：テグスやワイヤーの端、ヒモやパーツの端を処理する

| つぶし玉 | ボールチップ | カシメ／ヒモ留め | Vカップ |

つぶしてパーツを固定するための留め具です。

つぶし玉、ワイヤーやテグスの結び目を挟んで留めるための金具です。

平ヤットコで挟んで固定します。使用するヒモのサイズにあったものを選ぶのがコツです。

ボールチェーンの端を処理するための金具です。

留め金具：つなげたり外したりできるパーツ

| カニカン | アジャスター | ニューホック | マンテル |

ヒキワ / 板ダルマ

カニカンやヒキワは、アジャスターや板ダルマに引っかけて留めるためのパーツです。ネックレスに使用するときは、カニカンを利き手側にして作ると開閉がしやすいです。

穴に出っ張りを入れてボタンのように留めます。片手でも扱いやすいので、ブレスレットにおすすめです。

輪にバーを通して使用する留め金具です。ブレスレットにおすすめです。

基本の知識 〜パーツ編〜

ヒモ類

テグス

ナイロン製のヒモで、号数が大きいほど太くなります。

ワイヤー

金属製のヒモで、テグスより丈夫です。号数が大きいほど細くなります。

チェーン
太さやコマの形など種類が豊富です。計り売りされていることが多いです。

連爪

スワロフスキーをはめこんであるチェーン。ニッパーで切ることができます。

ビーズ類

スワロフスキー・クリスタル

4桁の番号で型番を表します。本書ではスワロフスキーと略しています。

チェコビーズ

ファイヤーポリッシュという種類のものが人気です。

コットンパール

軽くてマットな質感が特徴です。

半貴石

天然素材ならではの不均一な色味を楽しめます。

その他

石座

スワロフスキーがぴったりはまる台で、ツメを倒して固定します。

菊座

パーツに被せて、アクセントをつけることができます。

チャーム

アクセサリーのポイントに使用します。

アクセサリー金具

イヤリング金具やピアス金具など、多種多様なデザインが用意されています。

基本のテクニック

カンの開け閉め：平ヤットコを使用する

1 両手に平ヤットコを持って、カンをはさむ。

平ヤットコが1本しかない場合は、利き手に平ヤットコ、反対の手に丸ヤットコを持ちます。

2 片方の手を手前に、もう片方の手を奥に動かし、カンを前後にずらすように開く。

3 開いた隙間から、つなぎたいパーツを通す。

4 2本のヤットコでカンをはさむ。

5 前後にずらして隙間ができないように閉じる。

OK　　NG

カンを前後ではなく左右に開くと、輪が歪んで戻しにくくなったり、壊れやすくなったりします。

指カンで開ける

指カンを利き手ではない方の親指にはめ、溝にカンをさしこみます。次に、平ヤットコで継ぎ目を前後にずらしてカンを開閉します。

石座のツメの倒し方

石座ごとにスワロフスキーの大きさや形は決まっています。使用したい石のサイズを確認してから購入してください。

1 スワロフスキーを石座に水平にのせ、平ヤットコで順番にツメを倒して固定する。

石とヤットコの間に布をあてて作業すると、石に傷がつきにくいです。

2 ツメは番号の順に倒す。

シャワーパーツやチェーンエンドのツメも同じような順番で倒して固定します。

基本のテクニック

ピンの曲げ方：9ピン・Tピン

① パーツの穴にピンを通す。

② 指で、ピンの根元を直角に折り曲げる。

③ 根元から7mmの位置で、ピンをニッパーで切る。

④ ピンの端を丸ヤットコではさむ。

丸ヤットコは、手のひらを上にして持ちます。

⑤ 丸ヤットコの形状に合わせて丸める。

ゆっくりと手首を手前にひねって丸めます。

⑥ 隙間ができないように、丸めた先端を整える。

OK

NG

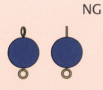

9ピンを選ぶコツ

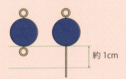

約1cm

上下の輪が同じ向きになるように曲げます（真横から見て、輪が水平になるように）。隙間が開いていると、チェーンやパーツが抜けやすくなります。

パーツに通したピンの根元から、1cm以上長いピンを選びます。

ヒモ留め・カシメの固定の仕方

サイズの合った金具にヒモ類を置き平ヤットコで挟んで固定します。接着剤を塗るとよりしっかり固定できます。

カシメは片方ずつ平ヤットコでたたむように挟んで固定します。

ヒモ留め

カシメ

基本のテクニック

テグスやワイヤーに通したパーツを固定する：ボールチップとつぶし玉

ボールチップ

テグスやワイヤーに通したパーツが抜けたり、動いたりしないようにするために必要な工程です。作り始めも作り終わりも同じように処理します。また、接着剤を使用すると、アクセサリーがより丈夫になります。
テグスやワイヤーに通して作るアクセサリーでは必須のテクニックとなります。

作り始め

1 テグスにボールチップ、つぶし玉の順に通す。

2 もう一度テグスの先を、つぶし玉に通す。

3 テグスをひきしめ、平ヤットコでつぶし玉をつぶす。

4 テグスの端を2mmほど残して切る。

5 つぶし玉が隠れるように、ボールチップを閉じる。

> つぶし玉を強くつぶしすぎると、テグスやワイヤーが切れることがあります。また、手順3では、テグスやワイヤーが緩まないように、しっかりと引き締めてください。

作り終わり

1 テグスにボールチップ、つぶし玉の順に通す。

2 もう一度テグスの先を、つぶし玉に通す。

3 目打ちを使って、つぶし玉をボールチップに近づける。

4 作り始めの、手順3〜5の処理を行う。

5 平ヤットコでフックの先を根元まで曲げる。次に、左右から挟んで、フックの先が根元に付くようにゆっくりと閉じる。

ここからは、ボールチップのカンにパーツを通した後のカンの閉じ方の説明です。 →

基本のテクニック

Vカップ

ボールチェーンの端を処理するときに使います。

① Vカップのくぼみに合わせてチェーンの端を入れる。

② 少し手で閉じてから、平ヤットコで挟んで閉じる。

三角カン

上の方に穴が空いているペンダントタイプのパーツに使用します。

① 通したいものがある場合、三角カンに先に通しておく。

② パーツを通し、平ヤットコで挟んで固定する。

③ 完成です。

三角カンは左右に広げるように開きます。パーツが三角カンより小さい場合は、三角カンの切れ目の両端をパーツに合わせてニッパーで切って、大きさを調節します。

バチカン

チャームや大きめのパーツをペンダントトップにするときに使用します。
平ヤットコで開き、パーツにあて、挟んで固定します。

Aカン

チャームや大きめのパーツをペンダントトップにするときに使用します。
平ヤットコで開き、パーツにあて、挟んで固定します。

レジンの使い方

レジン液の使い方：フレームパーツを使用する

① 作業台に置いたフレームパーツに薄くレジン液を流し込み、底を作る。

② 好きなパーツを配置する。

③ UVライトで4分～10分硬化させる。（太陽光の場合10分～60分）

④ パーツが埋まるまでレジン液を入れてUVライトで硬化させる。厚くしたい場合は、同じ作業を繰り返す。

⑤ 作ったモチーフを裏返して、裏面からも好みの厚さになるまでレジン液を流し込み、硬化させる。

> チャームなどのカン付きのパーツをレジン液に閉じ込める場合、使用しないカンの部分は、あらかじめ切っておきます。

レジン液の使い方：モールド（型）を使用する

① モールドに薄くレジン液を流し込み、竹串などで端まで広げる。

② 好みのパーツを裏向きに配置する。

③ UVライトで4分～10分硬化させる。（太陽光の場合10分～60分）

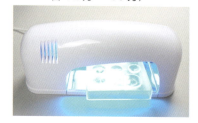

④ パーツが埋まるまで再度レジン液を流し込み、UVライトで4分～10分硬化させる。

⑤ よく冷めてから取り出し、はみ出した部分をはさみなどでカットする。

> 厚みのあるモチーフを作りたいときや、色が濃い時、ラメが多い時は、レジン液を少しずつ分けて流し込み、何回かに分けて硬化すると失敗しづらいです。

レジンの使い方

レジン液の使い方：ミール皿・石座を使用する

① ミール皿にレジン液を薄く流し込み、竹串などで端まで広げる。

② 好きなパーツを配置する。

③ UVライトで4分～10分硬化させる。（太陽光の場合10分～60分）

④ パーツが埋まるまでレジン液を流し込みUVライトで硬化させる。

厚くしたい場合は、何回かに分けて流し込み、硬化させます。

着色の仕方

レジン液を容器に出し、着色剤やラメを竹串などを使って混ぜる。混色時は、1色目を入れてしっかり混ぜた後に2色目を足す。

接着剤としてレジンを使用する

① パーツの側面にレジン液を塗り、好きな形に並べる。（作業台を使うと作業しやすい）

② UVライトで2分～10分硬化させる。（太陽光の場合10分～60分）

③ パーツを裏返してパーツ同士のすき間にレジン液を流し込むように塗り、再び硬化させる。

着色剤を入れすぎると、硬化しにくくなるので注意しましょう。

レジン関係 FAQ

Q 気泡が入ってしまった場合は？

A つまようじの先などで、気泡をつぶすか、気泡をすくうようにとります。

Q レジン液がはみ出してしまったら？

A 硬化前の場合は、レジン液をふき取ります。硬化後の場合は、はさみやニッパーで切りとってください。

Q レジンの仕上がりが曇ってしまいました。

A 表面に薄くレジン液を塗り、再度硬化させるとつやが出ます。または、クラフトバッファー（ヤスリ）で磨いてください。

Q レジンで作業をするときに気を付けることはありますか？

A 作業中は換気をよく行い、体調が悪くなるようであればすぐに作業を中止してください。太陽光のあたる場所では作業しないようにしてください。
手や目、皮膚などにレジン液が付着しないように注意してください。万一付着した場合は、太陽光があたらないようにすぐにレジン液をふき取り、せっけんを使って水道水でよく洗ってください。
照射直後のレジンは非常に熱くなっています。冷めるまで触らないように注意してください。

NO. 1
リボンと宝石のイヤリング

水色のオーガンジーリボンとキラキラのチェコ
ビーズでゆめかわいいイヤリングに

designer：ZERO＊

NO. 2
オーガンジーリボンのピアス

オーガンジーリボンの透け感がかわいいピアスです
リングパーツと組み合わせて大人っぽい印象に

designer：岩橋陽毬

リボンと宝石のイヤリング

1. イヤリング金具(E)の丸皿部分にレジン液を垂らし、リボン(A)を載せて2分程度UVライトで硬化させる。(接着剤でも接着可能)

2. チェコメロンビーズ(C)にTピン(I)をさし、先を丸める。

3. プレシオサMCシズク(B)に三角カン(H)を通す。

4. 丸カン(G)でチェーン(D)と手順2のパーツ、手順3のパーツをそれぞれつなぐ。

5. 手順4のパーツのチェーンの端のコマを丸カンでひとまとめにし、スターダスト丸カン(F)につなぐ。

6. イヤリング金具の穴に手順5のパーツをつなぐ。

- A 服飾パーツオーガンジーリボン
  (約W35mm/ Lt. ブルー/ 2個)
- B プレシオサ MC シズク
  (10×6mm/ クリスタルAB/ 2個)
- C チェコメロン(8mm/ フューシャブルー/ 2個)
- D チェーン D125HM(ゴールド/ 2.5cm2本、3cm2本)
- E イヤリングクリップ式丸皿ゴム付
  (4mm/ ゴールド/ 1ペア)
- F スターダスト丸カン(1.2×8mm/ ゴールド/ 2個)
- G 丸カン(0.6×3mm/ ゴールド/ 6個)
- H 三角カン(0.6×5×5mm/ ゴールド/ 2個)
- I Tピン(0.5×20mm/ ゴールド/ 2個)

オーガンジーリボンのピアス

1. リボン(D)がほつれないように、リボンの切り口に接着剤やレジン液を薄く塗って処理しておく。

2. コットンパール(B)とスワロフスキー(C)にそれぞれTピン(I)をさし、先を丸める。

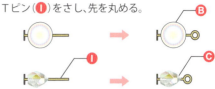

3. 6cmのリボンをメタルパーツ(A)に通して半分に折る。4cmのリボンも半分に折り、2本のリボンを重ねた状態でヒモ留め(E)で留める。

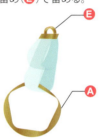

4. ヒモ留めのカン部分とピアス金具(F)を丸カン(G)でつなぎ、三角カン(H)につないだ手順2のパーツも同じ丸カンにつなぐ。

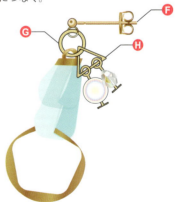

- A メタルリングパーツペンタゴン
  (約20mm/ ゴールド/ 2個)
- B コットンパール丸玉(8mm/ キスカ/ 2個)
- C スワロフスキー #5328(6mm/ Lt. アゾレ/ 2個)
- D オーガンジーリボン 1500
  (11mm/ 44 グリーン/ 6cm2本、4cm2本)
- E ヒモ留め No.2(10mm/ ゴールド/ 2個)
- F ピアスカン付(3mm/ ゴールド/ 1ペア)
- G 丸カン(0.7×4mm/ ゴールド/ 2個)
- H 三角カン(0.6×5×5mm/ ゴールド/ 2個)
- I Tピン(0.6×20mm/ ゴールド/ 4個)

NO. 3
アンティークサークルピアス

2種類のリングパーツとドイツ製アクリル
パーツを使ったアンティーク風ピアス
どんな服装にも合わせやすいデザインです

designer：アネラストーン

NO. 4
メタルダイヤのブレスレット

パヴェの輝きを引き立てるシンプルなデザイン
つなげるだけで作れる簡単仕様

designer：Dainty

アンティークサークルピアス

1. デイジー（D）とドイツ製アクリル変形ビーズ（A）にTピン（G）をさし、先を丸める。

2. 2種類のリングパーツ（B、C）と手順1のパーツをまとめて丸カン（F）に通して閉じる。

3. 手順2のパーツの丸カン部分に別の丸カン（F）を通し、ピアス金具（E）とつなぐ。

- A ドイツ製アクリル変形 18
  （16×7mm/クリスタル/G/2個）
- B メタルリングパーツ模様線ラウンド
  （40mm/本金メッキ/2個）
- C ヒキモノリング（約30mm/ゴールド/2個）
- D メタルパーツデイジー（4mm/ゴールド/2個）
- E 真鍮ユー字ピアス（大/ゴールド/1ペア）
- F 丸カン（1.0×6mm/ゴールド/4個）
- G Tピン（0.5×30mm/ゴールド/2個）

メタルダイヤのブレスレット

1. メタルプレート（B）のカンにCカン（F）を通し、メタルプレート同士をつなぐ。

同じものを2個作る

2. パヴェチャーム（A）の左右のカンに、Cカンと手順1のパーツをつなぐ。

3. 手順2のパーツの両端にCカン（F）でチェーン（C）をつなぐ。

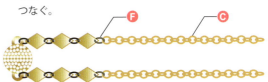

4. 手順3のパーツの両端にCカン（F）でヒキワ（D）とアジャスター（E）をつなぐ。

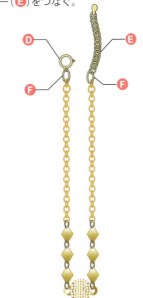

- A ミクロパヴェラウンド小2カン（ゴールド/1個）
- B メタルパーツ メタルプレートダイヤ
  （小/ゴールド/6個）
- C チェーン 225SRA（ゴールド/5.2cm2本）
- D ヒキワ（6mm/ゴールド/1個）
- E アジャスター No.2（ゴールド/1個）
- F Cカン洋白（0.45×2.5×3.5mm/ゴールド/10個）

NO. 5
チェコティーパールブレス

チェコティービーズで編み込んだような複雑
なデザインのブレスが簡単に作れます！
フロントに並べたパールが女性らしさを演出

designer：岩橋陽毬

シルバー

NO. 6
デザインチェーンのイヤリング

葉っぱ風のチェーンがかわいいイヤリング
色違いのチェーンで作ればコーデの幅が広がります

ゴールド

designer：岩橋陽毬

チェコティーパールブレス

1. ナイロンコードワイヤー(F)の先に、つぶし玉(G)、ボールチップ(H)を通し、端を処理する。(P 10 参照)

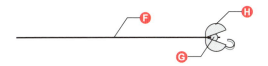

2. チェコティー(A、B、C)、銅玉(E)、コットンパール(D)をイラストのような順番で通す。

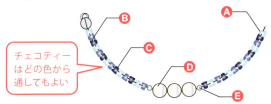

> チェコティーはどの色から通してもよい

3. 手順1と同様につぶし玉とボールチップで、ナイロンコードワイヤーの端を処理する。

4. 両端に丸カン(K)をつなぎ、アジャスター(I)とヒキワ(J)をつなぐ。

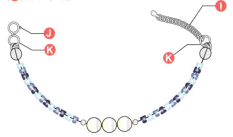

- Ⓐ チェコティー (2×8mm/ ピカソブルーアラバスター / 10 個)
- Ⓑ チェコティー (2×8mm/ ブルーレインボーマット / 10 個)
- Ⓒ チェコティー (2×8mm/ オパックバイオレットテラコッタ / 10 個)
- Ⓓ コットンパール丸玉 (14mm/ ホワイト / 3 個)
- Ⓔ 銅玉 (3mm/ ロジウムカラー / 2 個)
- Ⓕ ナイロンコードワイヤー (0.36mm/ 生地 / 30cm)
- Ⓖ つぶし玉 (2mm/ ロジウムカラー / 2 個)
- Ⓗ ボールチップ国産 (中 / ロジウムカラー / 2 個)
- Ⓘ アジャスター No.2 (ロジウムカラー / 1 個)
- Ⓙ ヒキワ (6mm/ ロジウムカラー / 1 個)
- Ⓚ 丸カン (0.7×3.5mm/ ロジウムカラー / 2 個)

デザインチェーンのイヤリング

1. デザインチェーン(A)を必要な長さに切る。先端のカン部分は切り落とす。

2. デザインチェーンの先端に、丸カン(D)を2個縦に使用してチャーム(C)をつなぐ。

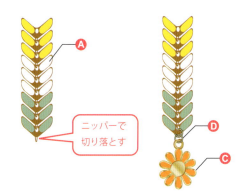

> ニッパーで切り落とす

3. デザインチェーンのもう片方の端に丸カン(D)を2個縦に使用してイヤリング金具(B)をつなぐ。

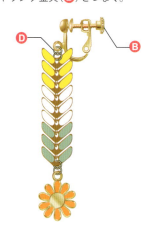

ゴールド
- Ⓐ チェーン K-355 エポ付き (イエローマルチ /G/ 4.5cm2 本)
- Ⓑ イヤリングネジバネ玉ブラ (4mm/ ゴールド / 1 ペア)
- Ⓒ チャームマーガレット（エポ付）(12×15mm/ イエロー /G/ 2 個)
- Ⓓ 丸カン (0.7×4mm/ ゴールド / 8 個)

シルバー（写真ピアス Ver.）
チェーン K-355 エポ付き (ホワイト /RC/ 4.5cm2 本)
ピアスカン付 (3mm/ ロジウムカラー / 1 ペア)
チャームマーガレット（エポ付）(12×15mm/ ミント /RC/ 2 個)
丸カン (0.7×4mm/ ロジウムカラー / 8 個)

No. 7
アシンメトリーゴールドピアス
左右で大きさを変えて個性的なピアスに
セット使いでワンステップ上のおしゃれを

No. 8
ジオメトリックバックカチューシャ
ゴールドパーツの豪華な組み合わせが
パーティにも活躍しそうなバックカチューシャです

designer：Revecka ✻

アシンメトリーゴールドピアス

1. パール（C）にTピン（H）をさし、先を丸める。

同じものを2個作る

2. 丸カン（G）でチェーン（D）と手順1のパーツをつなぐ。

3. 2種類の丸カン（F、G）を使用して、イラストのようにメタルリングパーツ（A、B）とピアス金具（E）をつなぐ。次に、手順1のパーツや手順2のパーツを、丸カン（G）でメタルリングパーツにつなぐ。

A	メタルリングパーツ変形 No.5	(マットゴールド／1個)
B	メタルリングパーツ変形 No.4	(マットゴールド／1個)
C	シルキーパール	(7mm／ピュアホワイト／2個)
D	チェーン K-106	(ゴールド／2.5cm)
E	ステンレスユー字ピアス	(ゴールド／1ペア)
F	丸カン	(0.8×6mm／ゴールド／2個)
G	丸カン	(0.7×4mm／ゴールド／5個)
H	Tピン	(0.5×15mm／ゴールド／2個)

ジオメトリックバックカチューシャ

1. パール（C、D）にそれぞれTピン（H）をさし、先を丸める。

同じものを3個作る

同じものを6個作る

2. ヘアピン（F）の根元のカン部分に丸カン（G）でチェーン（E）をつなぐ。もう一つのカン部分には丸カンで手順1のパーツをつなぐ。

同じものを2個作る

3. メタルリングパーツ（A、B）同士をイラストのように丸カンで交互につなぐ。

4. メタルリングパーツに丸カンで手順1のパーツをつなぐ。

5. 手順4のパーツの両端に、丸カンで手順2のパーツをつなぐ。

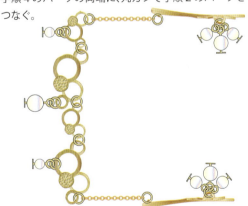

A	メタルリングパーツ変形 No.5	(マットゴールド／2個)
B	メタルリングパーツ変形 No.4	(マットゴールド／2個)
C	シルキーパール	(7mm／ピュアホワイト／3個)
D	シルキーパール	(5mm／ピュアホワイト／6個)
E	チェーン K-106	(ゴールド／5cm2本)
F	ヘアー金具カン付ヘアピン	(ゴールド／2個)
G	丸カン	(0.8×6mm／ゴールド／12個)
H	Tピン	(0.5×15mm／ゴールド／9個)

NO.9 小粒パールピアス

小さな世界にたくさんの可愛らしさを閉じ込め、全体に白く透明感のあるイメージにまとめました
耳元で上品な輝きを放つピアスです
デイリー使いにも重宝しそう

designer : cocokara

NO.10 きらきらリボンネックレス

クリスタルクレイをリボン型に成型し、キラキラのスワロで飾りました
デコルテをきれいに見せてくれる飽きのこないネックレスです

designer : cocokara

小粒パールピアス

1. クリスタルクレイ（G）のAとBを等量ずつ練り合わせ、直径7mm程度の球状に丸める。

2. リングパーツ（B）の中心に丸めたクリスタルクレイをつめ、裏側が平らになるように整える。

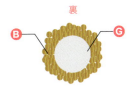

3. 表側にキュービックチャトン（A）、パール（C、D、E）を配置し、指で軽くクリスタルクレイに押し付ける。

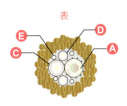

4. 裏側にピアス金具（F）を押し当てて接着させ、クリスタルクレイを完全に硬化させる。

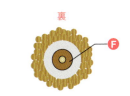

- A キュービックチャトン（丸）（4mm/クリスタル/G/2個）
- B メタルリングパーツグレインラウンド（12mm/ゴールド/2個）
- C アクリル無穴パール（4mm/ホワイト/2個）
- D アクリル無穴パール（3mm/ホワイト/4個）
- E アクリル無穴パール（1.5mm/ホワイト/8個）
- F ピアス丸皿（6mm/ゴールド/1ペア）
- G クリスタルクレイ（12g/ホワイト/適量）

きらきらリボンネックレス

1. 白黒それぞれのクリスタルクレイ（H、I）のAとBを等量ずつ練り合わせ、直径8mm程度の円盤状にする。黒は1個、白は2個作る。

2. クリスタルクレイにそれぞれスカシパーツ（J）を押し込むようにはりつける。スカシパーツをはった方が裏面になる。

3. 白のクリスタルクレイに、9ピン（G）をさし、黒のクリスタルクレイの左右からさす。

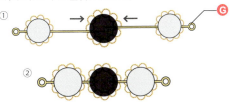

4. クリスタルクレイの形を指で整え、スワロフスキー（A、B）を自由に配置する。配置が決まったら指で押し込み、完全に硬化するまで置いておく。

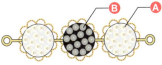

5. 丸カン（F）でチェーン（C）、手順4のモチーフ、ヒキワ（D）、アジャスター（E）をつないでネックレスの形にする。

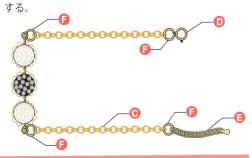

- A スワロフスキー #1088（PP24/クリスタル/28個）
- B スワロフスキー #1088（PP24/ジェットヘマタイト/14個）
- C チェーン 130SRA（ゴールド/18cm2本）
- D ヒキワ（6mm/ゴールド/1個）
- E アジャスター No.2（ゴールド/1個）
- F 丸カン洋白（0.5×3.5mm/ゴールド/4個）
- G 9ピン（0.5×30mm/ゴールド/2個）
- H クリスタルクレイ（ホワイト/適量）
- I クリスタルクレイ（ブラック/適量）
- J スカシパーツ花八弁（8mm/ゴールド/3個）

NO. 11
空のかけらキーホルダー

ミール皿の使用、レジンの着色といった基本
テクニックの練習に最適
初めてレジンに挑戦する方におすすめです！

designer：sif

空のかけらキーホルダー

1. 小さな器などでレジン液（E）と着色剤（G〜J）を混ぜ、4種類の着色レジン液を作る。(パープル、ブルー、シアン、ホワイト)。

2. フレーム（A）に、ホワイトで着色したレジン液を薄く流し込み、UVライトで2分程度硬化させる。

3. 残りの3色の着色レジン液とレジン液（E）を暗い色から順番に、4分の1ずつ流し込み、乱切りオーロラ（F）を入れる。竹串で境目をぼかしてから、UVライトで5分程度硬化させる。

パープル
ブルー
シアン
F
E

4. 表面に乱切りオーロラを入れ、レジン液（E）をコーティングするように流し込み、UVライトで5分程度硬化させる。

5. フレームのカン部分とチャーム（B）に丸カン（C）を通して閉じる。

6. 丸カンにキーホルダー金具（D）を通す。

> 💡 **ワンポイントアドバイス**
>
> オーロラの上手な配置の仕方
> 1. オーロラの入った袋や器にレジン液で濡らした竹串を入れ、先端にオーロラをくっつける。
> 2. 配置したい場所を竹串でつつくようにして、レジン液の中にオーロラを入れる。バランスをみながらつついて沈ませる。

- **A** フレーム #4756 (27×16mm 1カン付 / ゴールド / 1個)
- **B** チャームラッキースター4 (クリスタル /G / 1個)
- **C** 丸カン (1.2×7mm/ ゴールド / 1個)
- **D** キーホルダーワイヤー (約120mm/ ゴールド / 1個)
- **E** UVレジン太陽の雫ハードタイプクリア (適量)
- **F** ピカエース乱切りオーロラ (ホワイト / 適量)
- **G** 宝石の雫 (シアン / 適量)
- **H** 宝石の雫 (ブルー / 適量)
- **I** 宝石の雫 (パープル / 適量)
- **J** 宝石の雫 (ホワイト / 適量)

NO. 12
スワロのフラワーイヤリング

クリスタルビジューの周りを小さなパールで
囲んだ花型のイヤリングです
リングとのセット使いで女子力UP！

NO. 13
スリークオーターパールリング

クリスタルクレイの土台にスワロをひとつずつ
丁寧に埋め込んだ存在感のあるリング
フロントにあしらったパールが上品

designer：KIWA × repicbook

スワロのフラワーイヤリング

1. クリスタルクレイ(F)のAとBを等量ずつ練り合わせ、直径7mm程度の球を2個作る。

2. 練り合わせたクリスタルクレイをミール皿(D)に2mm程度の厚さで貼り付ける。

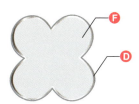

3. イラストのようにスワロフスキー(A、B)とパール(C)を配置する。配置が決まったら指で軽く押し込み、一晩おいて硬化させる。

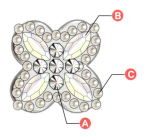

4. 裏面に接着剤でイヤリング金具(E)を付ける。

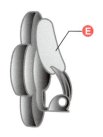

スリークオーターパールリング

1. クリスタルクレイ(E)のAとBを等量ずつ練り合わせ、直径5cm程度の球を作る。

2. 練り合わせたクリスタルクレイを約5cmの棒状にして粘土土台(D)に貼り付け、中心に厚みがでるように整える。

3. 中心にパール(C)を貼り付け、周りを囲むようにスワロフスキー(B)を貼り付ける。

4. 中心から外側に向かって、クリスタルクレイ全体にスワロフスキー(A)と(B)をランダムに貼り付け、一晩おいて硬化させる。

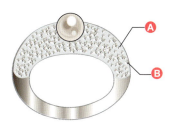

- **A** スワロフスキー #1028（PP13/クリスタル/F/10個）
- **B** スワロフスキー #4228（8×4mm/クリスタル/F/8個）
- **C** アクリル無穴パール（2.0mm/ホワイトパール/64個）
- **D** デザインミール皿4弁花（21mm/ロジウムカラー/2個）
- **E** イヤリング蝶バネゴム付き丸皿
  （9mm/ロジウムカラー/1ペア）
- **F** クリスタルクレイ（ホワイト/適量）

- **A** スワロフスキー #1028（PP6/クリスタル/F/75個）
- **B** スワロフスキー #1028（PP13/クリスタル/F/83個）
- **C** 樹脂パールスリークオーター片穴
  （10mm/ホワイト/1個）
- **D** 粘土土台リング台オーバル大
  （12-13号/ロジウムカラー/1個）
- **E** クリスタルクレイ（ホワイト/適量）

NO.14
パヴェフラワーのネックレス

フラワーチャームを主役にした簡単ネックレス
好きなチャームを加えて自分流にアレンジしてみては

designer：Dainty

NO.15
スワロの2wayイヤリング

取り外しできるパヴェリングで
2通りのコーデが楽しめるイヤリングです
シーンに合わせて使い分けて

designer：Dainty

パヴェフラワーのネックレス

1. ミクロパヴェフラワー(A)のカンに丸カン(E)を通して閉じる。

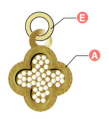

2. 手順1のパーツにチェーン(B)を通し、両端にそれぞれ丸カン(E)でヒキワ(C)とアジャスター(D)をつなぐ。

スワロの2wayイヤリング

1. スワロフスキー(B)にTピン(D)をさし、先を丸める。

2. ノンホールピアス(C)のカンに、手順1のパーツのTピンを開いてつなぐ。

3. ノンホールピアスにパヴェリング(A)をひっかける。

- **A** ミクロパヴェフラワー(大/ゴールド/1個)
- **B** チェーン D235S(ゴールド/39cm)
- **C** ヒキワ(6mm/ゴールド/1個)
- **D** アジャスター No.2(ゴールド/1個)
- **E** 丸カン(0.8×5mm/ゴールド/3個)

- **A** ジョイントパーツパヴェラウンドカン無し(約16mm/クリスタル/G/2個)
- **B** スワロフスキー #5500(9×6mm/クリスタルAB/2個)
- **C** ノンホールピアス樹脂カン付(クリア/G/1ペア)
- **D** Tピン(0.5×20mm/ゴールド/2個)

NO. 16
クリスタルのノンホールピアス

初心者でも簡単に作れるかわいくてシンプルな
ノンホールピアスです
今日からデイリーアクセの仲間入り！

designer：Dainty

NO. 17
ダイヤチャームのアンクレット

重ね付けしているように見える2連アンクレット
人気のダイヤモンド型モチーフが足元で光ります

designer：Dainty

クリスタルのノンホールピアス

1. ジョイントワイヤー(B)の片方に、Cカン(D)を通し、チャーム(A)をつなぐ。

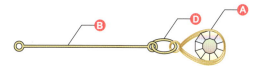

2. ジョイントワイヤーの空いている側にもCカン(D)を通し、ノンホールピアス(C)のカンにつなぐ。

A	チャームジルコニアラウンドフレーム (ゴールド /2 個)	
B	ジョイントワイヤー (0.4×20mm/ ゴールド /2 個)	
C	ノンホールピアス樹脂カン付 (クリア /G /1 ペア)	
D	Cカン (0.5×2×3mm/ ゴールド /4 個)	

ダイヤチャームのアンクレット

1. Cカン(F)にチェーン(C)2本の端とヒキワ(D)をまとめて通して閉じる。

2. チャーム(A、B)のカン部分に、それぞれCカン(F)を縦に2個つなげて閉じる。

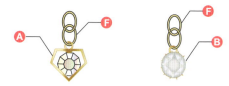

3. それぞれのチェーンに手順2のパーツを通す。

4. Cカン(F)に、チェーン2本の端と、アジャスター(E)をまとめて通して閉じる。

A	チャームジルコニアカットストーン (ゴールド /1 個)	
B	国産キャストチャームジルコニアラウンド (ゴールド /1 個)	
C	チェーン 225SRA (ゴールド /20cm1 本、19cm1 本)	
D	ヒキワ (6mm/ ゴールド /1 個)	
E	アジャスター No.2 (ゴールド /1 個)	
F	Cカン 洋白 (0.45×2.5×3.5mm/ ゴールド /6 個)	

NO.18
ミニタッセルのアメリカンピアス

夏に似合うターコイズカラーのミニタッセルがおしゃれ！
角度によって色味が変化するスワロがポイントです

designer：Dainty

ワインレッド

スカイブルー

カーキ

NO.19
毛糸のピアス

好きな毛糸をくるくるまくだけのフープピアス
いろいろな色でバリエーション豊かに

designer：Erika

ミニタッセルのアメリカンピアス

1. 丸カン（E）にスワロフスキー（B）とジョイントワイヤー（C）を通して閉じる。

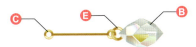

2. アメリカンピアス金具（D）付属の丸カンを開き、タッセル（A）とつなぐ。

3. アメリカンピアス金具のチェーンの真ん中あたりのコマを目打ちで広げ（P4参照）、Cカン（F）を通して、手順1のパーツとつなぐ。

- A タッセルミニ（20mm/ターコイズ/2個）
- B スワロフスキー #6007（9×5mm/クリスタルAB/2個）
- C ジョイントワイヤー（0.4×20mm/ゴールド/2個）
- D ピアス金具アメリカンピアス No.L1（約46mm/ゴールド/1ペア）
- E 丸カン（0.8×5mm/ゴールド/2個）
- F Cカン洋白（0.45×2.5×3.5mm/ゴールド/2個）

毛糸のピアス

1. ピアス金具（B）のどちらかの端に糸（A）をきつくしばる。

2. ピアス金具の端近くに接着剤を塗り、隙間のできないように糸を巻きつける。

巻き始め部分に接着剤を塗る

3. 最後まで巻いたら接着剤を塗り、完全に乾いてから糸の端を切る。

接着剤を塗る

スカイブルー
- A 糸Moco スタンダード（812/1.2m 2本）
- B ピアス金具チタンフープ No.3（40mm/ゴールド/1ペア）

ワインレッド
糸Moco スタンダード（152/1.2m 2本）
ピアス金具チタンフープ No.3（40mm/ゴールド/1ペア）

カーキ
糸Moco スタンダード（103/1.2m 2本）
ピアス金具チタンフープ No.3（40mm/ゴールド/1ペア）

NO. 20
マルチカラーイヤリング

アーチパーツにスワロを付けたフェミニンなイヤリングです
好きな色で自由にアレンジして

designer：Rumis room

NO21
オクタゴンビジューイヤリング

大きめのビジューと半丸パールを使った大人っぽいイヤリング
スペシャルデーの常連になりそう

designer：KIWA × repicbook

マルチカラーイヤリング

1. アーチパーツ（D）にスワロフスキー（A、B）を接着剤で付ける。

2. アーチパーツの両端に、丸カン（F）でチェーン（E）をつなぐ。

3. チェーンの端をまとめて丸カン（F）に通して閉じる。

4. 別の丸カン（F）で手順3のパーツとイヤリング金具（C）をつなぐ。

オクタゴンビジューイヤリング

1. 石座（B）にスワロフスキー（A）をのせ、ツメを倒して固定する。

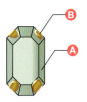

2. アクリルパーツ（C）の中心に、手順1のパーツを接着剤で付ける。

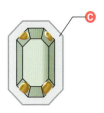

3. 石座の周りを囲むように半丸パール（D）を接着剤で付ける。

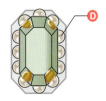

4. 裏面に、イヤリング金具（E）を接着剤で付ける。

💡 アクリルパーツの接着には、強力接着剤「エクセルエポ」を使用することをお勧めします。

Ⓐ スワロフスキー #1088（PP24/クリスタル/4個）
Ⓑ スワロフスキー #1088（PP24/アメジスト/8個）
Ⓒ イヤリングネジバネ玉ブラ（4mm(小)/ゴールド/1ペア）
Ⓓ アーチパーツ空枠 No.1（ゴールド/2個）
Ⓔ チェーン 235SF（ゴールド/3.5cm 4本）
Ⓕ 丸カン（0.6×3mm/ゴールド/8個）

Ⓐ スワロフスキー #4610（14×10mm/モンタナ/F/2個）
Ⓑ 石座 #4600/#4610用（14×10mm/ロジウムカラー/2個）
Ⓒ アクリルパーツオクタゴン
　（約22×15mm/30×23mm/グレーマーブル/2個）
Ⓓ アクリル半丸パール（4.0mm/ホワイトパール/24個）
Ⓔ イヤリング蝶バネゴム付丸皿
　（9mm/ロジウムカラー/1ペア）

designer : ZERO *

NO. 22
シャイニーパールのイヤリング

ひとつぶのシャイニーパールが
さりげないおしゃれを演出してくれます
普段使いに重宝しそう

NO. 23
可憐なリボンブレスレット

コットンパールのリボンがラブリー
女の子らしくいたい日のお供に

シャイニーパールのイヤリング

1. スペーサー(A)とシャイニーパール(B)にTピン(F)をさし、先を丸める。

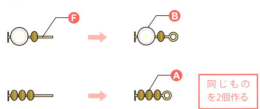

同じものを2個作る

2. 手順1のパーツに丸カン(E)を通して閉じる。

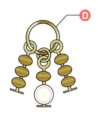

3. 手順1のパーツと手順2のパーツをスターダスト丸カン(D)にまとめて通す。

4. 丸カン(E)を2個縦に使用して、イヤリング金具(C)と手順2のパーツをつなぐ。

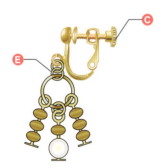

- A スペーサーL3 スジ入り (3×2mm/ゴールド/14個)
- B シャイニーパール (6mm/ホワイト/2個)
- C イヤリングネジバネ玉ブラ (4mm/ゴールド/1ペア)
- D スターダスト丸カン (1.2×8mm/ゴールド/2個)
- E 丸カン (0.7×4mm/ゴールド/6個)
- F Tピン (0.6×15mm/ゴールド/6個)

可憐なリボンブレスレット

1. コットンパール(A)とチェコファイヤーポリッシュ(D)に9ピン(G)をさし、先を丸める。

2. チェコファイヤーポリッシュ(B、C、D)とシャイニーパール(E)に9ピンをさし、先を丸める。すべて同じものを2個作る。

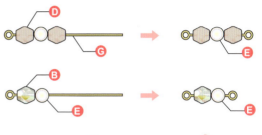

3. 手順1のパーツの両端に、左右対称になるように手順2のパーツを丸カン(F)でつなぐ。

反対側も同じ順番でつないで左右対称にする

4. 手順3のパーツの両端の9ピンを開け、ニューホック(H)をつなぐ。

- A コットンパールコマ (7×11mm/ホワイト/2個)
- B チェコファイヤーポリッシュ (6mm/クリスタルAB/2個)
- C チェコファイヤーポリッシュ (6mm/ホワイトオパール/2個)
- D チェコファイヤーポリッシュ (6mm/染ピンクAB/13個)
- E シャイニーパール (6mm/ホワイト/4個)
- F 丸カン (0.6×3mm/ゴールド/6個)
- G 9ピン (0.7×40mm/ゴールド/7個)
- H ニューホック (7×14mm/ゴールド/1個)

NO.24
ミニタッセルのゴージャスイヤリング

アクリルパーツとミニタッセルを組み合わせて華やかな印象に
人が集まる場所に行きたくなるイヤリングです

designer：KIWA × repicbook

NO.25
ハートのピンクブレス

太めのレザーコードとハートのパーツを組み合わせた
カッコかわいいブレスです
スタイリングのポイントに

designer：Erika

ミニタッセルのゴージャスイヤリング

1. アクリルパーツラウンド（A）の半分に接着剤を塗り、アクリルパーツハーフラウンド（B）を接着する。

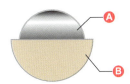

2. 手順1と同じ面に、イヤリング金具（E）を接着剤で付ける。

3. アクリルパーツハーフラウンドの下3分の1程度に接着剤を塗り、スカシパーツ（C）を付ける。このときスカシパーツの穴をふさがないように注意する。

4. タッセル（D）付属のCカンを開き、スカシパーツの穴に通して閉じる。

💡 アクリルパーツの接着には、強力接着剤「エクセルエポ」を使用することをお勧めします。

- Ⓐ アクリルパーツラウンド特大（グレーマーブル／2個）
- Ⓑ アクリルパーツハーフラウンド（約17×34mm／アイボリー／2個）
- Ⓒ スカシパーツ月（約9×32mm／ゴールド／2個）
- Ⓓ タッセルミニ（約15mm／サーモンピンク／8個）
- Ⓔ イヤリング蝶バネゴム付丸皿（9mm／ゴールド／1ペア）

ハートのピンクブレス

1. 合成ファンシー（A）をメタルパーツ（D）に通して半分に折る。

2. ヒモをメタルパーツの近くの位置で二本束ね、ツメ付留め金具（C）をはめたら平ヤットコで挟んで留める。左右とも同じようにする。

3. ヒモの両端を束ねて、ヒモ留め（B）に入れ、平ヤットコで挟んで留める。左右とも同じようにする。

4. ヒモ留めのカンにそれぞれ丸カン（G）でアジャスター（F）とカニカン（E）をつなぐ。

- Ⓐ 合成ファンシー（5mm／ピンク／14cm2本）
- Ⓑ ヒモ留めストライプカン付（6mm／ゴールド／2個）
- Ⓒ ツメ付留め金具（10×7mm／ゴールド／2個）
- Ⓓ メタルパーツ T-90（ゴールド／1個）
- Ⓔ カニカン No.2（ゴールド／1個）
- Ⓕ アジャスター No.2（ゴールド／1個）
- Ⓖ 丸カン（0.8×4mm／ゴールド／2個）

NO. 26
シェルコーラルピアス

夏の浜辺をイメージした清涼感漂うピアス
カジュアルコーデやビーチスタイルに

designer：JOLI ALISA

NO. 27
アマゾナイトのロングピアス

爽やかなブルーが印象的なピアスです
全体をシルバーでまとめることで、よりさわやかな印象に

designer：アネラストーン

シェルコーラルピアス

1. 9ピン（E）にサザレ（A）、スワロフスキー（B）、サザレの順番に通して先を丸める。

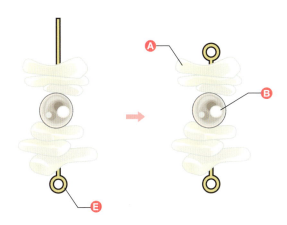

2. 手順1のパーツの上下にピアス金具（D）とチャーム（C）を丸カン（F）でつなぐ。

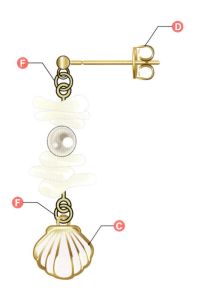

アマゾナイトのロングピアス

1. 9ピン（E）にサザレ（A）をさし、先を丸める。

2. 9ピンの先を開け、手順1のパーツの上下にそれぞれメタルパーツ（B）とリングパーツ（C）をつなぐ。

3. 丸カン（F）を2個縦につなぎ、手順2のパーツとピアス金具（D）をつなぐ。

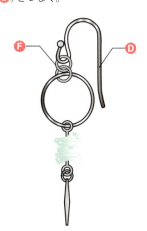

- **A** 半貴石サザレ（白サンゴ/12個）
- **B** スワロフスキー #5810（6mm/ホワイト/2個）
- **C** チャームマリンシェル（ホワイト/G/2個）
- **D** ピアスカン付（3mm/ゴールド/1ペア）
- **E** 9ピン（0.5×30mm/ゴールド/2個）
- **F** 丸カン洋白（0.5×3.5mm/ゴールド/4個）

- **A** 半貴石サザレ（アマゾナイト天然/10個）
- **B** メタルパーツダイヤ（16×2mm/ロジウムカラー/2個）
- **C** メタルリングパーツ模様線ラウンド（20mm/ロジウムカラー/2個）
- **D** 真鍮ユー字ピアス（大/ロジウムカラー/1ペア）
- **E** 9ピン（0.5×30mm/ロジウムカラー/2個）
- **F** 丸カン（0.7×4mm/ロジウムカラー/4個）

no.28
ターコイズの３連ブレスレット

夏らしい素材を使ったビーチスタイルアクセサリー
素材を替えれば、オールシーズンアイテムに！

designer：アネラストーン

ターコイズの３連ブレスレット

1. チェーン（F）の端に丸カン（K）を通し、チャーム（E）をつないで閉じる。

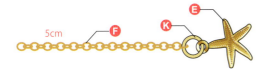

2. ナイロンコードワイヤー（G）を3本まとめてボールチップ（J）、つぶし玉（I）に通し、端を処理する。（P10参照）

3. パイプ（D）に手順2の3本のワイヤーをまとめて通す。

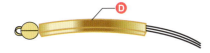

4. 3本のワイヤーにそれぞれ、サザレ（A）、シェル（B）、ウッドビーズ（C）を通す。

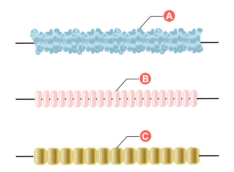

5. パイプに手順4のワイヤーを3本まとめて通す。

6. 手順2と同様にボールチップとつぶし玉でワイヤーの端を処理する。

7. 片方のボールチップに手順1のパーツを、もう片方のボールチップにカニカン（H）を、それぞれ丸カン（K）でつなぐ。

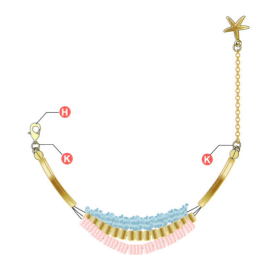

- **A** 半貴石サザレ（ターコイズ天然 / 10cm 分）
- **B** シェルヒーシー（約3.5〜4.5mm 8インチ / ピンク / 10cm 分）
- **C** ウッドビーズ KC-14（3〜4mm/ ナチュラル / 10cm 分）
- **D** デザイン曲パイプひし型（2×36mm/ ゴールド / 2個）
- **E** アメリカ製プレスチャームスターフィッシュ（真鍮C / 1個）
- **F** チェーン K-195（ゴールド / 5cm）
- **G** ナイロンコードワイヤー（0.36mm/ ステンレス / 25cm3本）
- **H** カニカン No.1（ゴールド / 1個）
- **I** つぶし玉（2.0mm/ ゴールド / 2個）
- **J** ボールチップ（中 / ゴールド / 2個）
- **K** 丸カン（0.7×4mm/ ゴールド / 3個）

NO. 29
ゴールドフラワーイヤリング

パールのついたゴールドフラワーがパッと目を引くデザイン
女子会やデートにも大活躍

designer：Rumis room

NO. 30
3種のパールのイヤリング

3種のパールがやさしくゆれる軽量でつけやすいイヤリング
さりげない色付きパールがかわいさのヒミツ

designer：Rumis room

ゴールドフラワーイヤリング

1. スカシパーツ(A)の表面に半丸パール(B)を接着剤で付ける。

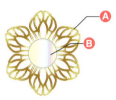

2. スカシパーツの裏面に、イヤリング金具(E)を接着剤で付ける。

3. コットンパール(C)とパイプ(D)をTピン(F)にさし、先を丸める。

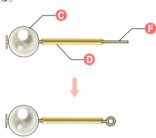

4. 丸カン(G)を2個縦に使用して、手順2のパーツと手順3のパーツをつなぐ。

A	スカシパーツ花六弁(約23mm/ゴールド/2個)
B	アクリル半丸パール(8mm/ホワイトパール/2個)
C	コットンパール丸玉(10mm/キスカ/2個)
D	デザイン曲パイプマット(1.3×20mm/ゴールド/2個)
E	イヤリング蝶バネゴム付丸皿(9mm/ゴールド/1ペア)
F	Tピン(0.8×65mm/ゴールド/2個)
G	丸カン(0.6×3mm/ゴールド/4個)

3種のパールイヤリング

1. シルキーパール(C、D)、カラーパール(E)をTピン(H)にさし、先を丸める。

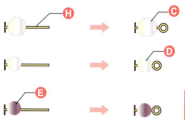

同じものを2個作る

2. スワロフスキー(B)の穴を2個ずつ使い、丸カン(G)を上下に1個ずつ通して閉じる。

3. スワロフスキーに通しておいた片方の丸カンを開け、手順1のパーツをすべて通して閉じる。

4. イヤリング金具(F)の丸皿部分にコットンパール(A)を接着剤で付け、スワロフスキー上部の丸カンを開けてから、イヤリング金具のU字部分につないで閉じる。

A	コットンパール丸玉片穴(10mm/キスカ/2個)
B	スワロフスキー#117704(SS29/クリスタル/G/2個)
C	シルキーパール(8mm/ナチュラル/2個)
D	シルキーパール(6mm/ナチュラル/2個)
E	カラーパール(6mm/チェルシーピンク/4個)
F	イヤリングネジバネネジ切(ゴールド/1ペア)
G	丸カン(0.7×4mm/ゴールド/4個)
H	Tピン(0.7×15mm/ゴールド/8個)

No. 31
スクエアビジューブレスレット

アーチ型パーツにスワロをきれいに並べた品のあるブレスです
チェーンの端のスワロがアクセントに

designer : KIWA × repicbook

スクエアビジューブレスレット

1. クリスタルクレイ(**I**)のAとBを等量ずつ練り合わせ直径1cm弱の球状にする。

2. 練り合わせたクリスタルクレイを約4cmの棒状にして粘土土台(**E**)に貼り付ける。

3. クリスタルクレイの上に、スワロフスキー(**A**、**B**、**C**)を配置する。位置が決まったら先に(**B**)と(**C**)を、次に(**A**)を指で押して埋め込み、一晩おいて硬化させる。

4. 丸カン(**G**)で粘土土台の両端にそれぞれチェーン(**H**)をつなぐ。

5. 手順4のチェーンの両端をそれぞれストッパー(**F**)に通す。ワイヤーを使って通すと作業がしやすい。

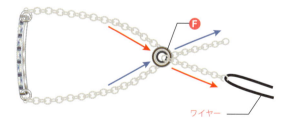

6. 石座(**D**)にスワロフスキー(**A**)を接着剤で付ける。

7. 手順6のパーツを丸カンでチェーンの端にそれぞれつなぐ。

スワロとチェーンの色を変えて、フェミニンな印象に

- **A** スワロフスキー #4428 (4mm/インディコライト/F/8個)
- **B** スワロフスキー #4501 (4×2mm/アクアマリン/F/5個)
- **C** スワロフスキー #4501 (4×2mm/クリスタル/F/5個)
- **D** ミニファンシーストーン石座ミル打スクエア1カン (ロジウムカラー/2個)
- **E** 粘土土台ブレス用パーツ (幅約4.3mm/ロジウムカラー/1個)
- **F** シリコンストッパー (7.5×4mm/ロジウムカラー/1個)
- **G** 丸カン (0.7×3.5mm/ロジウムカラー/4個)
- **H** チェーン 245SF (ロジウムカラー/9cm2本)
- **I** クリスタルクレイ (12g/ホワイト/適量)

NO. 32
スワロパールリング

大きめのスワロにいくつものパールをあしらった
華やかなリングです
大切な時間を過ごしたい日に

designer：KIWA × repicbook

NO. 33
星座チャームイヤリング

夜空に輝く星座をかわいいチャームと
スワロフスキーパールで表現しました
プレゼントにも喜ばれそう

designer：岩橋陽毬

スワロパールリング

1. 石座（B）にスワロフスキー（A）を置き、平ヤットコでツメを倒して固定する。

2. リング台（F）の皿部分に接着剤を塗り、手順1のスワロフスキーを付ける。

3. ワイヤー（E）の端をリング台に巻き付けて固定する。

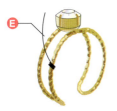

4. スワロフスキー（C、D）を通しながらワイヤーをリング台に巻き付ける。最後はワイヤーを巻いて固定し、余った部分は切る。

- **A** スワロフスキー＃1088（SS29/ CRY. パラダイスシャイン /F/ 1個）
- **B** 石座＃1028/ ＃1088用（ゴールド / 1個）
- **C** スワロフスキー＃5810（3mm/ ホワイト / 2個）
- **D** スワロフスキー＃5810（4mm/ ホワイト / 5個）
- **E** アーティスティックワイヤーディスペンサー（#28/ ノンターニッシュプラス / 30cm）
- **F** リング台ダブルおわん付（フリー13号/ ゴールド / 1個）

星座チャームイヤリング

1. ボールチェーン（C）の両端をそれぞれVカップ（E）で挟む。（P11参照）

2. スワロフスキー（B）に9ピン（G）をさし、先を丸める。

3. イヤリング金具（D）のカン部分に丸カン（F）を通し、手順1のパーツの両端をまとめてつなぐ。

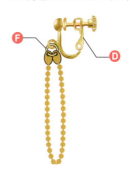

4. 手順2のパーツの上下の9ピンを開き、手順3のパーツ、チャーム（A）のカン部分をそれぞれつないで閉じる。

- **A** チャーム星座しし座（約H14×W12mm/ クリスタル /G/ 2個）
- **B** スワロフスキー＃5810（8mm/ イラデサントライトブルー / 2個）
- **C** チェーンK-139（ゴールド / 8cm2本）
- **D** イヤリングネジバネネジ切カン付（4mm/ ゴールド / 1ペア）
- **E** Vカップ（1mm/ ゴールド / 4個）
- **F** 丸カン（0.7×4mm/ ゴールド / 2個）
- **G** 9ピン（0.6×20mm/ ゴールド / 2個）

NO. 34
星のタッセルピアス
星から流れるチェーンのタッセルが
シャープな印象のピアスです
ネックレスとセット使いがおすすめ

designer : Erika

NO. 35
一番星ネックレス
立体的な星のチャームがポイント
五角形のリングパーツと組み合わせてクールな印象に

designer : ZERO *

星のタッセルピアス

1. 5本のチェーン（B）の端のコマにワイヤー（E）を通し、ワイヤーを何回かひねって巻き、タッセル状になるように留める。余ったワイヤーは片方だけ残して切る。

2. 手順1のワイヤーに円柱キャップ（C）を通し、チェーンにかぶせる。

3. ワイヤーの端を9ピン状に曲げ、余った部分は切る。

4. メタルパーツ（A）とピアス金具（D）を接着剤で付ける。

5. 丸カン（F）で、手順3のパーツと手順4のパーツをつなぐ。

- **A** メタルパーツ星（18mm/ゴールド/2個）
- **B** チェーン245SF（ゴールド/4cm 10本）
- **C** 円柱キャップ（5.4mm（内径）/ゴールド/2個）
- **D** ピアス丸皿（6mm/ゴールド/1ペア）
- **E** アーティスティックワイヤーディスペンサー（#24/ゴールド/2cm2本）
- **F** 丸カン（0.7×4mm/ゴールド/2個）

一番星ネックレス

1. メタルパーツ（B）のカン部分に丸カン（H）を通して閉じておく。

2. スターダスト丸カン（G）で、手順1のパーツとメタルリングパーツ（A）をつなぐ。

3. バチカン（F）を手順2のメタルリングパーツ部分に付ける。（P 11参照）

4. 手順3のパーツのバチカンにチェーン（C）を通し、両端に丸カン（H）でそれぞれヒキワ（D）とアジャスター（E）をつなぐ。

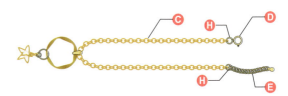

- **A** メタルリングパーツペンタゴン（20mm/ゴールド/1個）
- **B** メタルパーツT-112（ゴールド/1個）
- **C** チェーン235SF（ゴールド/50cm）
- **D** ヒキワ（6mm/ゴールド/1個）
- **E** アジャスターNo.2（ゴールド/1個）
- **F** 甲丸バチカン（中/ゴールド/1個）
- **G** スターダスト丸カン（1.2×8mm/ゴールド/1個）
- **H** 丸カン（0.7×4mm/ゴールド/3個）

NO. 36
ヘキサゴンピンキーリング

スワロフスキーを貼るだけの簡単ピンキーリング
好きな色をチョイスして自分好みにアレンジ！

シルバー

ゴールド

designer：アネラストーン

NO. 37
京都オパールのドームピアス

キラキラ煌めくフレークとパールが印象的な
ドーム型ピアスです

designer：cocokara

ヘキサゴンピンキーリング

1. 石座（Ⓐ）に接着剤を塗り、スワロフスキー（Ⓑ，Ⓒ）を貼り付ける。

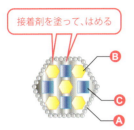

2. リング台（Ⓓ）に手順1のパーツを接着剤で付ける。

シルバー

- Ⓐ 国産デザイン石座ヘキサゴン丸皿 4/6mm 用
  （ロジウムカラー/1個）
- Ⓑ スワロフスキー #1028（PP13/イエローオパール/5個）
- Ⓒ スワロフスキー #4428（2mm/インディゴライト/F/4個）
- Ⓓ リング台ピンキー丸皿付き
  （フリー/ロジウムカラー/1個）

ゴールド

国産デザイン石座ヘキサゴン丸皿 4/6mm 用
（ゴールド/1個）
スワロフスキー #1028（PP13/ローズ/5個）
スワロフスキー #4428（2mm/ホワイトオパール/4個）
リング台ピンキー丸皿付き
（フリー/ゴールド/1個）

京都オパールのドームピアス

1. 小さな器などでレジン液（Ⓓ）と京都オパール（Ⓔ、Ⓕ）をそれぞれ混ぜ、2種類の着色レジン液を作る。

2. ソフトモールド半球（材料外：18mm）に少量のレジン液（Ⓓ）を流し込み、広げる。UVライトで1分程度硬化させる。

モールドを回すとレジン液がうまく広がります

3. 3mmのパール（Ⓑ）を置き、パールが浸る程度までレジン液（Ⓓ）を流し込み、UVライトで2分程度硬化させる。

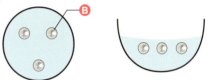

4. 4mmのパール（Ⓐ）を、手順3のパールと重ならないように置く。パールが浸る程度までレジン液（Ⓓ）を流し込み、UVライトで2分程度硬化させる。

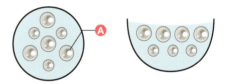

5. 着色レジン液をそれぞれまばらに流し込み、竹串などで境界線をぼかしてからUVライトで4分程度硬化させる。

6. 薄くレジン液（Ⓓ）を流し込み、ピアス金具（Ⓒ）を配置して、UVライトで2分程度硬化させる。よく冷めたらモールドから取り出す。

- Ⓐ アクリル無穴パール（4mm/ホワイト/8個）
- Ⓑ アクリル無穴パール（3mm/ホワイト/6個）
- Ⓒ ピアス丸皿（6mm/ゴールド/1ペア）
- Ⓓ UVレジン 太陽の雫 ハードタイプ クリア（適量）
- Ⓔ 京都オパールフレーク（1g/唐紅花/適量）
- Ⓕ 京都オパールフレーク（1g/胡粉/適量）

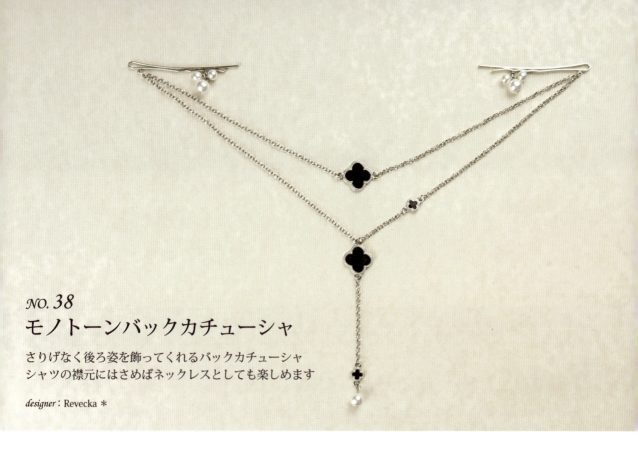

No. 38
モノトーンバックカチューシャ

さりげなく後ろ姿を飾ってくれるバックカチューシャ
シャツの襟元にはさめばネックレスとしても楽しめます

designer：Revecka ＊

No. 39
星屑のヘアピン

夜空の星をひと粒付けたヘアピン
小ぶりなチャームがキュートにゆれます

designer：ZERO ＊

モノトーンバックカチューシャ

1. パール（G）（H）にそれぞれTピン（E）をさし、先を丸める。

同じものを4個作る
同じものを3個作る

2. ヘアピン（C）のカン部分に丸カン（D）で手順1のパールをつなぐ。

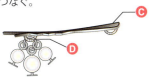

同じものを2個作る

3. イラストを参考に、丸カン（D）で各パーツをつなぐ。

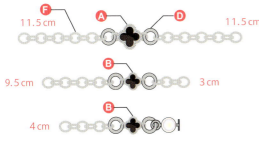

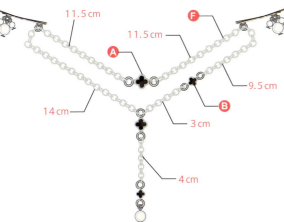

A	ジョイントパーツ 4弁花スジ入り （16mm/ブラック/RC/2個）
B	ジョイントパーツ 4弁花スジ入り （8mm/ブラック/RC/2個）
C	ヘアー金具カン付ヘアピン（Ni/2個）
D	丸カン（0.7×4mm/ロジウムカラー/12個）
E	Tピン（0.5×15mm/RCメッキ/7個）
F	チェーン K-106（ロジウムカラー/14cm 1本、11.5cm 2本、9.5cm 1本、4cm 1本、3cm 1本）
G	シルキーパール（7mm/ピュアホワイト/3個）
H	シルキーパール（5mm/ピュアホワイト/4個）

星屑のヘアピン

1. ヘアピン（D）にジョイントパーツ（C）を接着剤で貼り付ける。この時、ジョイントパーツの大きめの穴が、ヘアピンに対して真下に来るようにつける。

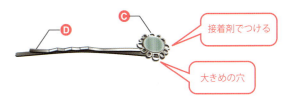

接着剤でつける
大きめの穴

2. スターダストラウンド（B）に丸カン（E）を通して閉じる。

3. 丸カン（E）にチャーム（A）と手順2のパーツを通して閉じる。

4. ジョイントパーツの大きめの穴に丸カン（E）を通し、手順3のパーツをつなぐ。

A	国産キャストチャームジルコニアスター （ロジウムカラー/1個）
B	スターダストラウンド1穴 （約6mm/ロジウムカラー/1個）
C	ジョイントパーツラウンドエポ付 （14mm/ブルー/RC/1個）
D	ステンレス製丸皿ヘアピン（10×60mm/ニッケル/1個）
E	丸カン（0.7×3.5mm/ロジウムカラー/3個）

NO. 40
マーキスのブルーイヤリング

マーキス型のストーンとフープが大人っぽくて
エレガントなイヤリング
華やかだけど主張しすぎない雰囲気が好印象

designer : JOLI ALISA

NO. 41
コットンパールのラリエット

頭からスポッとかぶれるシンプルなラリエット
パールの長さを変えたり揃えたり
自由にアレンジを楽しんで

designer : JOLI ALISA

マーキスのブルーイヤリング

1. 石座（B、D）に、それぞれスワロフスキー（A、C）をのせ、ツメを倒して固定する

2. クリアファイルの上に、1円玉程度の量のレジン液を出し、手順1のパーツの側面にもレジン液を塗りながら並べる。クリアファイルごとUVライトに入れ、両面各5分程度硬化させる。その後、ファイルをしならせてパーツを剥がす。（レジン液がない場合、手順3ですべてのパーツをテグスで編みつけてもよい）

3. スカシパーツ（H）に、手順2のパーツを接着してから、スカシパーツの穴を利用して、アクリルドイツ製花（E）と樹脂パール（F）をテグス（K）で編み付ける。

4. 丸カン（J）でヒキモノリング（G）をつなぎ、イヤリング金具（I）を接着剤でスカシパーツの裏面に付ける。

- A スワロフスキー #1088（SS39/ Lt. サファイア /F /2個）
- B 石座 #1028/#1088 用（SS39/ ロジウムカラー /2個）
- C スワロフスキー #4228（10×5mm/ モンタナ /F /2個）
- D 石座 #4228 用（10×5mm/ ロジウムカラー /2個）
- E アクリルドイツ製花 17（10mm/ ブルーマット /2個）
- F 樹脂カラーパール（3mm/ ホワイト /2個）
- G ヒキモノリングスパークルマーキス（ロジウムカラー /2個）
- H スカシパーツ花六弁（15mm/ ロジウムカラー /2個）
- I イヤリングネジバネ丸皿（8mm/ ロジウムカラー /2個）
- J 丸カン（0.5×3.5mm/ ロジウムカラー /2個）
- K テグス（3号 /10cm /2本）

コットンパールのラリエット

1. パール（B、C）にそれぞれTピン（G）をさして先を丸める。

2. チェーン（D）の両端のコマを目打ちで広げ、小さい丸カン（E）を通し、閉じておく。

3. 手順2の65cmチェーンの端に大きい丸カン（F）を通してヒキモノリング（A）をつなぐ。もう片方の端は、一度ヒキモノリングに通してから12mmパールをつなぐ。

4. 大きい丸カン（F）で、手順2の5cmのチェーンと手順3のヒキモノリングをつなぐ。もう片方の端は、8mmパールをつなぐ。

- A ヒキモノリングスパークルマーキス（11×16mm/ ロジウムカラー /1個）
- B コットンパール丸玉（12mm/ キスカ /1個）
- C コットンパール丸玉（8mm/ ホワイト /1個）
- D チェーン 135S（ロジウムカラー /65cm 1本、5cm 1本）
- E 丸カン（0.6×3mm/ ロジウムカラー /4個）
- F 丸カン（0.8×5mm/ ロジウムカラー /2個）
- G Tピン（0.5×20mm/ ロジウムカラー /2個）

NO. 42
サテンコードのパールブレス

涼しげなサテンコードにパイプを通した
オトナかっこいいブレスです
カジュアルでもフェミニンでも幅広く使えそう

designer：JOLI ALISA

NO. 43
海色バックチャーム

エンゼルフィッシュやシェル、パールの泡がとってもキュー
チャーム越しに夏が見えてきそうなバッグチャームです

designer：JOLI ALISA

サテンコードのパールブレス

1. 9ピン（I）にパール（A）をさし、先を丸める。

2. チェーン（E）の両端のコマを目打ちで広げ、それぞれ丸カン（J）を通しておく。

同じものを2個作る

3. 手順1のパーツの両端に、手順2のそれぞれのチェーンの片側の丸カンをつなぐ。

4. パイプ（B）にサテンコード（C）を通す。

5. カシメ（F）の内側に接着剤を塗り、サテンコード（D）と手順4のサテンコードの端を入れ、挟んでとめる。

6. 手順3のパーツ、手順5のパーツ、カニカン（G）をまとめて丸カンに通して閉じる。同様に反対側にはアジャスター（H）と丸カンをつなぐ。

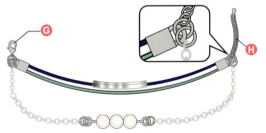

A	コットンパール丸玉（6mm/ホワイト/3個）	
B	デザイン曲パイプ四角（3×36mm/ロジウムカラー/1個）	
C	フランス製サテンコード（ネイビー/15cm）	
D	フランス製サテンコード（ターコイズグリーン/15cm）	
E	チェーン 135S（ロジウムカラー/6.5cm2本）	
F	カシメ（2mm/ロジウムカラー/2個）	
G	カニカン No.1（ロジウムカラー/1個）	
H	アジャスター No.2（ロジウムカラー/1個）	
I	9ピン（0.6×30mm/ロジウムカラー/1個）	
J	丸カン（0.6×3mm/ロジウムカラー/6個）	

海色バックチャーム

1. パール（E、F、G）に、それぞれTピン（J）をさし、先を丸める。

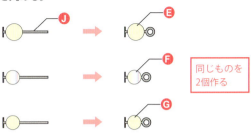

同じものを2個作る

2. 丸カン（I）で、手順1のパールと、残り全てのパーツ（A、B、C、D）をバックチャーム金具（H）につなぐ。

1個の丸カンでタッセルを2個ともつなぐ

A	チャームマリンエンゼルフィッシュ（ブルー/RC/1個）	
B	真鍮プレスチャーム シェル立体2（ロジウムカラー/1個）	
C	タッセルミニ（20mm/ターコイズ/1個）	
D	タッセルミニ（20mm/ネイビー/1個）	
E	コットンパール丸玉（12mm/キスカ/1個）	
F	コットンパール丸玉（8mm/ホワイト/2個）	
G	コットンパール丸玉（8mm/キスカ/1個）	
H	バックチャーム No.1（12cm/RC/ニッケル/1個）	
I	丸カン（0.8×5mm/ロジウムカラー/7個）	
J	Tピン（0.6×25mm/ロジウムカラー/4個）	

NO. 44
ベルフラワーのピアス

ブーケをイメージしたやさしいトップに
印象が違うメタルパーツをたらして
オールスタイル仕様のピアスに

designer : 岩橋陽毯

NO. 45
銀河系ブレスレット

グラデーションのコットンパールや樹脂パールを使って
神秘的な宇宙をイメージ
パーツは移動するので好きな位置にアレンジして

designer : アネラストーン

ベルフラワーのピアス

1. コットンパール（A）にTピン（H）を、チェコベルフラワー（B）にデザインピン（I）をさし、先を丸める。

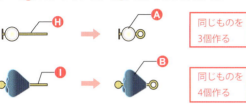

2. 手順1のパーツを、三角カン（F）にまとめて通して閉じる。

3. ピアス金具（E）のカン部分に手順2のパーツを丸カン（G）でつなぐ。

4. メタルパーツ（C、D）を丸カン（G）にまとめて通して閉じる。

5. 手順4のパーツとピアス金具のキャッチ部分を丸カン（G）でつなぐ。（イヤリングの場合は、イヤリング金具のネジ部分につなぐ）

- A コットンパール丸玉（6mm/キスカ/6個）
- B チェコベルフラワー（約5×8mm/ピンクブルー/8個）
- C メタルパーツスティックウェーブ1カン
  （約40mm/ゴールド/2個）
- D メタルパーツスティックウェーブ1カン
  （約60mm/ゴールド/2個）
- E ピアスカン付（3mm/ゴールド/1ペア）
- F 三角カン（0.6×5×5mm/ゴールド/2個）
- G 丸カン（0.7×4mm/ゴールド/6個）
- H Tピン（0.6×30mm/ゴールド/6個）
- I デザインピン丸（0.6×30mm/ゴールド/8個）

銀河系ブレスレット

1. ワイヤーブレス（G）に付属しているメタルパーツを片方の端に接着剤で付ける。

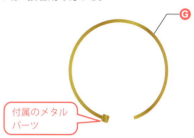

付属のメタルパーツ

2. イラストのような順番で、パール（A、B、C、D）、スターダスト（E）、メタルパーツ（F）を通す。

3. ワイヤーブレスの端に付属のメタルパーツを接着剤で付ける。

ゴールド
- A コットンパールスイートカラー丸玉
  （12mm/ホワイト/アクア/2個）
- B コットンパールスイートカラー丸玉
  （8mm/ホワイト/ベビーローズ/4個）
- C シャイニーパール（6mm/ホワイト/2個）
- D シャイニーパール（10mm/ホワイト/3個）
- E スターダスト丸（6mm/ゴールド/2個）
- F メタルパーツ星（6mm/ゴールド/2個）
- G ワイヤーブレス細3連（ゴールド/1個）

シルバー
コットンパールスイートカラー丸玉
（12mm/ホワイト/スミレ/2個）
コットンパールスイートカラー丸玉
（8mm/ホワイト/ベビーローズ/4個）
シャイニーパール（6mm/シルバー/2個）
シャイニーパール（10mm/ホワイト/3個）
スターダスト丸（6mm/ロジウムカラー/2個）
メタルパーツ星（6mm/ロジウムカラー/2個）
ワイヤーブレス細3連（ロジウムカラー/1個）

NO.46
マリン風イヤーフック
爽やかなイメージのイヤーフック
お好みのパーツに変えて違う雰囲気も楽しんで

designer：sif

NO.47
サザレリング
指に合わせて作れる簡単でかわいいオリジナルリング
素材を替えればいろいろなデザインリングに

designer：アネラストーン

マリン風イヤーフック

1. ビーズ類（**B**、**C**、**D**、**G**）と菊座（**L**）にイラストのように9ピン（**N**）をさし、先を丸める。

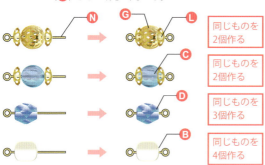

2. スワロフスキー（**A**）をAカン（**I**）に入れ、平ヤットコで挟んで固定する。

3. イラストのような順番で、各パーツ（**E**、**F**、**J**、**K**）を丸カン（**M**）でつなぐ。

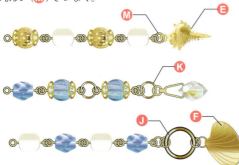

4. 丸カン（**M**）でイヤーフック金具（**H**）に手順3のパーツをつなぐ。

サザレリング

1. サザレ（**A**）に9ピン（**C**）をさし、先を丸める。

2. 9ピンの両端を開け、チェーン（**B**）の端につないで閉じる。

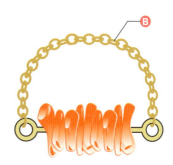

3. 指の形状に合わせて9ピン部分を曲げる。

- **A** 半貴石サザレ（白サンゴ（ピンク染）/ 2cm分）
- **B** チェーン 235SF（ゴールド / 3cm）
- **C** 9ピン（0.5×30mm/ ゴールド / 1個）

- **A** スワロフスキー #6000
  （13×6.5mm/ クリスタル AB / 1個）
- **B** チェコビーズラウンド（6mm/ ホワイトオパール / 4個）
- **C** チェコプレスメロン（8mm/ ブルー / 2個）
- **D** チェコビーズファイヤーポリッシュ
  （6mm/ アクアマリン / 3個）
- **E** チャームスパイラルシェル（ゴールド / 1個）
- **F** 真鍮プレスチャームシェル立体2（本金メッキ / 1個）
- **G** スカシビーズ（約 8mm/ ゴールド / 2個）
- **H** イヤーフック3カン付（ゴールド / 1個）
- **I** Aカンカン付（小 / ゴールド / 1個）
- **J** デザイン丸カンツイスト口閉じ（15mm/ ゴールド / 1個）
- **K** デザイン丸カンツイスト No.2（8mm/ ゴールド / 2個）
- **L** 菊座（6mm/ ゴールド / 8個）
- **M** 丸カン（0.7×3.5mm/ ゴールド / 9個）
- **N** 9ピン（0.6×15mm/ ゴールド / 11個）

NO. 48
パールのフープピアス

大きさの違うパールを通したフープが
上品にゆれるピアス
あらゆるシーンでフェミニンな印象を
与えてくれるはず

designer：Erika

NO. 49
オパールのピアス

ゴールドのしずく型リングに3種のパーツを
あしらった気品漂う大人っぽいピアスです

designer：Erika

パールのフープピアス

1. パール（Ⓐ、Ⓑ、Ⓒ）にＴピン（Ⓘ）をさし、先を丸める。

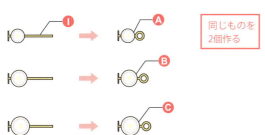

同じものを2個作る

2. ワイヤーフープ（Ⓓ）にイラストのような順番で、手順1のパーツを通す。輪の端を接着剤で留める。

接着剤をつけてからさしこんで固定する

3. パールが動かないように、パールの両脇の位置につぶし玉カバー（Ⓖ）をはめ、平ヤットコで閉じる。

4. ジョイントワイヤー（Ⓔ）と、手順3のパーツを丸カン（Ⓗ）でつなぐ。ジョイントワイヤーのもう片方の端も、丸カンでピアス金具（Ⓕ）につなぐ。

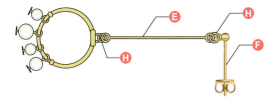

- Ⓐ シルキーパール（6mm/ナチュラル/4個）
- Ⓑ シルキーパール（8mm/ナチュラル/2個）
- Ⓒ シルキーパール（10mm/ナチュラル/2個）
- Ⓓ ワイヤーフープラウンド（25mm/ゴールド/2個）
- Ⓔ ジョイントワイヤー（0.4×30mm/ゴールド/2個）
- Ⓕ ピアスカン付（3mm/ゴールド/1ペア）
- Ⓖ つぶし玉カバー（約2.3mm/ゴールド/4個）
- Ⓗ 丸カン（0.7×3.5mm/ゴールド/4個）
- Ⓘ Ｔピン（0.5×20mm/ゴールド/8個）

オパールのピアス

1. ワイヤー（Ⓕ）をメタルリングパーツ（Ⓒ）のイラストの位置にそれぞれ2回ほど巻き付ける。

2. スワロフスキー（Ⓐ）を石座（Ⓑ）にのせ、ツメを倒して固定する。

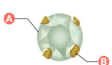

3. 手順1のワイヤーを2本とも石座の穴に通してから、片方のワイヤーにパール（Ⓔ）を、もう片方のワイヤーにサザレ（Ⓓ）を通す。

4. ワイヤーの先をそれぞれメタルリングパーツに巻き付けて固定する。余ったワイヤーは切る。

5. 丸カン（Ⓗ）をメタルリングパーツのイラストの位置に通し、ピアス金具（Ⓖ）とつなぐ。

- Ⓐ スワロフスキー #1088（SS29/エアーブルーオパール/F/2個）
- Ⓑ 石座 #1028/#1088用（SS29/ゴールド/2個）
- Ⓒ メタルリングパーツドロップ（マットゴールド/2個）
- Ⓓ 半貴石サザレ（16インチ/ホワイトオパール（模造）/2個）
- Ⓔ シルキーパール（5mm/ナチュラル/2個）
- Ⓕ アーティスティックワイヤーディスペンサー（#26/ノンターニッシュブラス/10cm4本）
- Ⓖ ピアス釣針（ゴールド/1ペア）
- Ⓗ 丸カン（0.5×3.5mm/ゴールド/2個）

NO. 50
ネコシルエットのきらきらキーホルダー

今はやりのネコモチーフを使ったキュートなキーホルダーです
底なしフレームを使用しているので作業台の上で作りましょう

designer：sif

ネコシルエットのきらきらキーホルダー

1. 小さな器などでレジン液(G)と着色剤(I、J、K)を混ぜ、4種類の着色レジン液を作る。(ブルー、シアン、シアン×イエロー、イエロー)

2. フレーム(B)を作業台に置き、手順1で着色したレジン液を縁から2mm程度下の部分まで暗い色から順番に流し入れ、色の境目をぼかす。中心付近に乱切りオーロラ(H)を入れ、UVライトで2分程度硬化させる。作業台をつけたまま、裏面からも2分程度硬化させる。

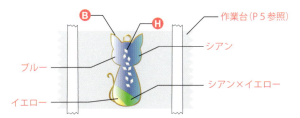

3. 作業台からフレームをはがし、液がはみ出している場合は手やはさみで取り除く。

4. はがした裏面に、レジン液(G)をコーティングするように流し込み、UVライトで5分程度硬化させる。

5. 表側にレジン液(G)を表面が少しぷっくりする位まで流し、少量の乱切りオーロラを入れてから、スワロフスキー(E)を置いてUVライトで5分程度硬化させる。

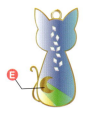

6. 丸カン(F)で、手順5のパーツ、ジョイントパーツ(D)、キーホルダー金具(A)、メタルパーツ(C)をつなぐ。

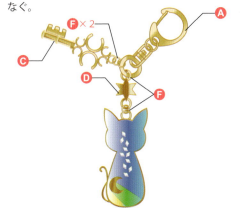

- **A** キーホルダー新ナス (小/ゴールド/1個)
- **B** デザインフレームネコ (ゴールド/1個)
- **C** メタルパーツ T-227 (ゴールド/1個)
- **D** ジョイントパーツ星 No.1 (ゴールド/1個)
- **E** スワロフスキー #2813
  (8×5.5mm/ CRY.メタリックサンシャイン /F/1個)
- **F** 丸カン (0.7×3.5mm/ ゴールド/4個)
- **G** UVレジン 太陽の雫 ハードタイプ クリア (適量)
- **H** ピカエース乱切りオーロラ (ホワイト/適量)
- **I** 宝石の雫 (シアン/適量)
- **J** 宝石の雫 (ブルー/適量)
- **K** 宝石の雫 (イエロー/適量)

星のキーホルダー

基本的な工程はネコのキーホルダーと同じ。

工程2で、外側からパープル、ブルー、シアンの順で流し入れた後、中心部分に着色していないレジン液を2、3滴入れて硬化させる。

花座はスワロフスキーと同様に工程5で配置する。

- キーホルダー新ナス (小/ゴールド/1個)
- デザインフレーム星カギ (ゴールド/1個)
- ジョイントパーツスカシスター
  (16×11mm/ ゴールド/1個)
- 花座 No.4 (8mm/ ゴールド/1個)
- スワロフスキー #1088 (SS29/ クリスタル AB/1個)
- デザイン丸カンツイスト No.2 (8mm/ ゴールド/2個)
- UVレジン 太陽の雫 ハードタイプ クリア (適量)
- ピカエース乱切りオーロラ (ホワイト/適量)
- 宝石の雫 (シアン/適量)
- 宝石の雫 (ブルー/適量)
- 宝石の雫 (パープル/適量)

NO. 51
スターイヤーフック

大小3種のスターが耳元でやさしくゆれる
イヤーフック
ビーチをイメージした夏でも
スノーホワイトの冬でも似合う万能アクセです

designer : sif

NO. 52
パヴェスターのブレスレット

イヤーフックとおそろいのパヴェスターが
目を引くブレスレットです
普段の着こなしのアクセントに

designer : Dainty

スターイヤーフック

1. チェコビーズ(B)に9ピン(I)をさし、先を丸める。

2. スワロフスキー(C、D)をそれぞれAカン(J)で挟む。

3. 丸カン(H)を使用し、イラストのような順番で、各パーツ(E、F、G、K)をつなぐ。

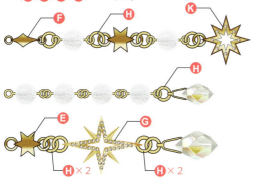

4. 丸カン(H)でイヤーフック金具(A)に手順3のパーツをつなぐ。

- A イヤーフック 3カン付 (ゴールド/1個)
- B チェコビーズラウンド (6mm/ホワイトオパール/6個)
- C スワロフスキー #6000 (13×6.5mm/クリスタルAB/1個)
- D スワロフスキー #6000 (11×5.5mm/クリスタルAB/1個)
- E ジョイントパーツ星 No.1 (ゴールド/2個)
- F ジョイントパーツ星 No.2 (ゴールド/1個)
- G ジョイントパーツパヴェスター 2カン (約35×14mm/クリスタル/G/1個)
- H 丸カン (0.7×3.5mm/ゴールド/12個)
- I 9ピン (0.6×15mm/ゴールド/6個)
- J Aカンカン付 (小/ゴールド/2個)
- K チャームラッキーオープンスター (クリスタル/G/1個)

パヴェスターのブレスレット

1. チェーン(C)の端に丸カン(D)を通し、パヴェスター(A)の左右のカンにそれぞれつなぐ。

2. 手順1のパーツの両端に丸カン(D)を通し、それぞれヒキワ(E)とアジャスター(F)をつなぐ。

3. チャーム(B)に丸カン(D)を通し、パヴェスターとチェーンをつないでいる丸カンにつなぐ。

- A ジョイントパーツパヴェスター 2カン (約35×14mm/クリスタル/G/1個)
- B チャームスターダスト スター (ゴールド/1個)
- C チェーン D235S (ゴールド/6.3cm2本)
- D 丸カン (0.7×3.5mm/ゴールド/5個)
- E ヒキワ (6mm/ゴールド/1個)
- F アジャスター No.2 (60mm/ゴールド/1個)

NO. 53
お花のビジューピアス
お花のチャームとビジューのかわいいピアス
色違いのパーツで作ればまた違った表情に

NO. 54
お花のビジューネックレス
イヤリングと同じチャーム＆モチーフを
使ったネックレスです
セットで身につければ好感度アップ！

designer : JOLI ALISA

お花のビジューピアス

1. それぞれ石座(D、E)にスワロフスキー(A、B、C)をのせ、平ヤットコでツメを倒して固定する。

2. クリアファイルの上に、1円玉程度の量のレジン液を出し、その上に手順1のパーツ、スワロフスキー(F)を並べる。

レジン液
ストーンの内側や側面にも竹串を使ってレジン液を塗る

3. クリアファイルごとUVライトで5分程度硬化させる。その後、クリアファイルをつけたまま裏面からも5分程度硬化させる。固まったらクリアファイルをしならせてパーツを剥がす。

4. 手順3のパーツの裏面に接着剤を塗り、スカシパーツ(G)に付ける。

スカシパーツの穴をふさがないように気を付ける

5. 丸カン(I)を使い、手順4のスカシパーツ部分とチャーム(H)をつなぐ。その後、スカシパーツの裏面に接着剤でピアス丸皿(J)を付ける。

- A スワロフスキー #1088 (SS39/イエローオパール/2個)
- B スワロフスキー #1088 (SS29/ホワイトオパール/2個)
- C スワロフスキー #1088 (SS29/クリスタルミントグリーン/2個)
- D 石座 #1028/#1088用 (SS39/ゴールド/2個)
- E 石座 #1028/#1088用 (SS29/ゴールド/4個)
- F スワロフスキー #5810 (6mm/ホワイト/2個)
- G スカシパーツ花六弁 (15mm/ゴールド/2個)
- H チャームひまわり No.2 エポ付 (12×15mm/ホワイト/G/2個)
- I 丸カン (0.5×3.5mm/ゴールド/2個)
- J ピアス丸皿 (6mm/ゴールド/1ペア)

お花のビジューネックレス

1. お花のビジューピアスの手順1~手順4を参考にしてモチーフを作る。

2. モチーフのスカシパーツ部分の下に丸カン(I)を通し、短い方のチェーン(J)とつなぐ。

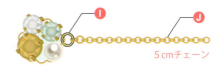

5cmチェーン

3. チェーンの先に、チャーム(H)を丸カン(I)でつなぐ。

4. 手順3のパーツの上に丸カンをつなぎ、長い方のチェーンを通す。チェーンの両端にそれぞれ丸カンでカニカン(K)、アジャスター(L)をつなぐ。

65cm

- A スワロフスキー #1088 (SS39/イエローオパール/1個)
- B スワロフスキー #1088 (SS29/ホワイトオパール/1個)
- C スワロフスキー #1088 (SS29/クリスタルミントグリーン/1個)
- D 石座 #1028/#1088用 (SS39/ゴールド/1個)
- E 石座 #1028/#1088用 (SS29/ゴールド/2個)
- F スワロフスキー #5810 (6mm/ホワイト/1個)
- G スカシパーツ花六弁 (15mm/ゴールド/1個)
- H チャームひまわり No.2 エポ付 (12×15mm/ホワイト/G/1個)
- I 丸カン (0.5×3.5mm/ゴールド/5個)
- J チェーン 135S (ゴールド/65cm 1本、5cm 1本)
- K カニカン No.1 (ゴールド/1個)
- L アジャスター No.2 (60mm/ゴールド/1個)

NO.55
スワロ蝶々のゆらゆらイヤリング

蝶々の形をしたスワロと長く垂れ下がった
ボールチェーンが耳元でゆらゆら揺れる
かわいいイヤリングです

designer：岩橋陽毬

スワロ蝶々のゆらゆらイヤリング

1. スワロフスキー(Ⓐ)を石座(Ⓑ)に接着し、上部に丸カン(Ⓖ)を通す。

2. ボールチェーン(Ⓓ)の両端をそれぞれVカップ(Ⓕ)で挟み、片方にだけ丸カンを通して閉じる。

3. チェコメロン(Ⓒ)にTピン(Ⓙ)をさし、チェコメロンよりも2cm離れた位置で先を丸める。

4. スターダスト丸カン(Ⓗ)に、手順1、手順2、手順3のパーツを全て通す。

5. スターダスト丸カンとイヤリング金具(Ⓔ)の間を、丸カン(Ⓖ)を2つ縦に使用してつなぎ、もう片方のボールチェーンの先端を三角カン(Ⓘ)で、イヤリング金具のネジ部分につなぐ。

Ⓐ スワロフスキー #4748 (5mm/ Lt. ローズ /F/2個)
Ⓑ ミニファンシーストーン石座バタフライミル打ち1カン (5mm/ ゴールド /2個)
Ⓒ チェコメロン (8mm/ フューシャオレンジ /2個)
Ⓓ チェーン K-139 (ゴールド /12cm2本)
Ⓔ イヤリングネジバネネジ切カン付 (4mm/ ゴールド /1ペア)
Ⓕ Vカップ (1mm/ ゴールド /2個)
Ⓖ 丸カン (0.7×4mm/ ゴールド /8個)
Ⓗ スターダスト丸カン (1.2×14mm/ ゴールド /2個)
Ⓘ 三角カン (0.6×5×5mm/ ゴールド /2個)
Ⓙ Tピン (0.6×30mm/ ゴールド /2個)

NO. 56
羽根のバックカチューシャ

羽を4枚使ったエスニック調の
バックカチューシャです
軽やかにゆれる羽とゴールドのチャームが
後ろ姿を華やかに彩ります

NO. 57
ロンデルのゴージャスブレス

ストレッチリボンとゴールドのチェーンを
組み合わせたゴージャスなブレス
カチューシャと合わせればフォークロア
スタイルの完成！

designer：Revecka *

羽根のバックカチューシャ

1. パール（G）（H）に、それぞれTピン（D）をさし、先を丸める。

2. ヘアピン（C）の根元のカン部分に丸カン（F）で手順1のパールをつなぐ。

3. それぞれの長さのチェーンにイラストのように、パーツを丸カン（F）でつなぐ。

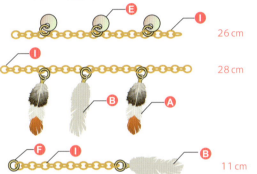

※ 実際の丸カンの大きさはすべて同じサイズです

A	天然羽根ヤマドリ金具付	（約7.5-10cm/モカ/2個）
B	天然羽根銀鶏金具付	（約7.5cm/2個）
C	ヘアー金具カン付ヘアピン	（ゴールド/2個）
D	Tピン	（0.5×15mm/ゴールド/6個）
E	BRO-11 穴丸	（10mm/茶蝶貝/3個）
F	丸カン	（0.7×4mm/ゴールド/12個）
G	シルキーパール	（7mm/ピュアホワイト/2個）
H	シルキーパール	（5mm/ピュアホワイト/4個）
I	チェーンK-106	（ゴールド/26cm1本、28cm1本、11cm1本）

ロンデルのゴージャスブレス

1. リボン（G）にロンデル（A、B）を金銀交互に通し、両端をヒモ留め（J）で挟んで留める。

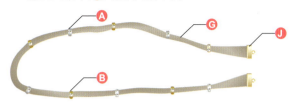

2. チャーム（C）メタルパーツ（D）、シェルパーツ（E、F）にそれぞれ丸カン（K）を通し、チェーン（H）のイラストのような位置につなぐ。

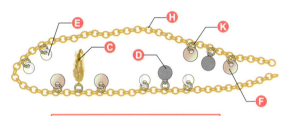

パーツはそれぞれ大きいコマにつなぐ

3. 手順1のヒモ留めと手順2のチェーンの端をそれぞれ丸カン（K）でつなぐ。ヒモ留めとマンテル（I）も、それぞれ別の丸カン（K）でつなぐ。

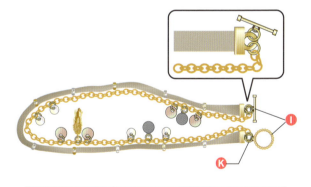

A	大穴ロンデルスタッズ	（8mm/ロジウムカラー/5個）
B	大穴ロンデルミル打ち縁付	（8mm/ゴールド/5個）
C	国産キャストチャームナチュラルテイスト羽根	（マットゴールド/1個）
D	メタルパーツ T-154	（ロジウムカラー/2個）
E	シェルパーツ TRO-11 穴丸	（8mm/タカセ貝/4個）
F	シェルパーツ BRO-11 穴丸	（10mm/茶蝶貝/4個）
G	ヨーロピアンストレッチリボン	（グレーベージュ/67cm）
H	チェーン L&S110B F	（ゴールド/64cm）
I	マンテルツイスト1	（ゴールド/1個）
J	ヒモ留めチェック	（15mm/ゴールド/2個）
K	丸カン	（0.7×4mm/ゴールド/15個）

no.58
スクエアシェルのヘアゴム

3色のシェルフレークがキラキラ光る
爽やかなヘアゴムです
髪をひとつに束ねてお出かけしてみては

no.59
スクエアシェルのピアス

ひとつぶ加えたパールがポイント
顔周りを明るくしてくれる上品なピアスです
おそろいのヘアゴムでスタイリッシュな装いに

designer：cocokara

スクエアシェルのヘアゴム

1. 小さな器などでレジン液（C）とシェルフレーク（D、E、F）をそれぞれ混ぜ、3種類の着色レジン液を作る。

2. 作業台の上にヒキモノリング（A）を置き、その中に手順1で作った着色レジン液をそれぞれ流し込み、竹串などで境界線をぼかす。その後UVライトで2分程度硬化させる。

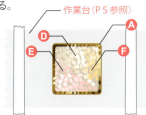

3. 表面にレジン液（C）を流してコーティングし、UVライトで2分程度硬化させる。

4. ヘアゴムパーツ（B）と、作業台からはがした手順3のパーツの裏面を接着剤で付ける。

5. 裏面にレジン液（C）を流してコーティングし、UVライトで2分程度硬化させる。

- A ヒキモノリングスパークルスクエア（約20mm/ゴールド/1個）
- B ヘアー金具ヘアゴム丸皿（13mm/黒ゴム/G/1個）
- C UVレジン 太陽の雫 ハードタイプ クリア（適量）
- D シェルフレーク（約3.5g/ホワイト/適量）
- E シェルフレーク（約3.5g/Lt.ピンク/適量）
- F シェルフレーク（約3.5g/イエロー/適量）

スクエアシェルのピアス

1. 小さな器などでレジン液（D）とシェルフレーク（E、F、G）をそれぞれ混ぜ、3種類の着色レジン液を作る。

2. 作業台の上にヒキモノリング（A）を置き、その中にパール（B）を配置して、手順1で作った着色レジン液をそれぞれ流し込む。竹串などで境界線をぼかし、UVライトで2分程度硬化させる。

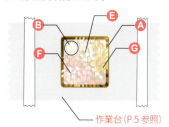

3. 表面にレジン液（D）を流してコーティングし、UVライトで2分程度硬化させる。

4. 作業台からはがして裏返し、裏面にピアス丸皿（C）を接着剤で付ける。

5. 裏面にレジン液（D）を流してコーティングし、UVライトで2分程度硬化させる。

- A ヒキモノリングスパークルスクエア（15mm/ゴールド/2個）
- B アクリル無穴パール（4mm/ホワイト/2個）
- C ピアス丸皿（6mm/ゴールド/1ペア）
- D UVレジン 太陽の雫 ハードタイプ クリア（適量）
- E シェルフレーク（約3.5g/ホワイト/適量）
- F シェルフレーク（約3.5g/Lt.ピンク/適量）
- G シェルフレーク（約3.5g/イエロー/適量）

NO. 60
ビジューと星のイヤーカフ

3色のスワロとゆれるスターチャームが
耳元をおしゃれに飾ってくれるイヤーカフ

designer：sif

NO.61
雪割草のブローチ

フラワーとリーフのメタルパーツと
スワロを組み合わせたブローチです
小ぶりなので胸元はもちろん帽子や
スカーフなどにも気軽に合わせて

designer：

ビジューと星のイヤーカフ

1. スカシパーツ月（F）を作業台に置いて固定する。その上にレジン液を垂らし、花座（G、H）、スカシパーツ花（E）を置く。その上にレジン液を垂らして、スワロフスキー（A、B、C）をイラストのように置き、UVライトで3分程度硬化させる。作業台をつけたまま裏面からも2分程度硬化させる。

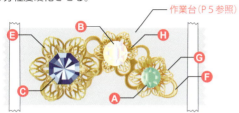

2. 作業台からスカシパーツをはがし、バリがある場合は手やはさみでとる。

3. 裏面にイヤリング金具（I）をレジン液か接着剤で付ける。

4. スカシパーツ月の穴に丸カン（J）を通し、チャーム（D）をつなぐ。

A	スワロフスキー #1088（4mm/アクアマリン/1個）	
B	スワロフスキー #1088（6mm/クリスタル/1個）	
C	スワロフスキー #1088（8mm/サファイヤ/1個）	
D	チャームラッキースター（クリスタル/G/1個）	
E	スカシパーツ花十弁立体（約16mm/ゴールド/1個）	
F	スカシパーツ月（約9×32mm/ゴールド/1個）	
G	花座 No.10（約9mm/ゴールド/1個）	
H	花座 No.4（8mm/ゴールド/1個）	
I	イヤリング蝶バネゴム付丸皿（ゴールド/1ペア）	
J	丸カン（0.7×3.5mm/ゴールド/1個）	

雪割草のブローチ

1. 作業台にメタルパーツリーフ三葉（E）、スカシパーツ花六弁（D）を配置し、つなぎ目にレジン液を垂らしてUVライトで4分程度硬化させる。

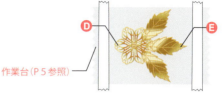

2. スカシパーツ花六弁の中心にレジン液を垂らして、スカシパーツ花十弁立体（C）を置く。その上にレジン液を垂らして、スワロフスキー（B）を置いてUVライトで4分程度硬化させる。

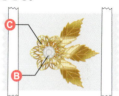

3. メタルパーツリーフ三葉の上にレジン液を垂らし、メタルフラワー花五弁花（F）を配置する。メタルフラワー花五弁花の中心にもレジン液を垂らし、スワロフスキー（A）を置いてUVライトで4分程度硬化させる。

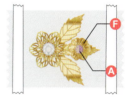

4. 裏面に、ブローチ金具（G）をレジン液か接着剤で付ける。

5. 作品全体の強度のために、表面からパーツ同士のすき間を埋めるように全体的にレジン液を塗り重ねて、UVライトで5分程度硬化させる。裏面からも同様にレジン液を塗り重ね、5分程度硬化させる。

A	スワロフスキー #1088（PP31/アメジスト/1個）
B	スワロフスキー #1088（SS39/スモーキーモーブ/1個）
C	スカシパーツ花十弁立体（約16mm/ゴールド/1個）
D	スカシパーツ花六弁（約23mm/ゴールド/1個）
E	メタルパーツリーフ三葉（ゴールド/1個）
F	メタルフラワー花五弁花芯付（約10mm/ゴールド/1個）
G	回転ピン No.52（ゴールド/1個）

NO. 62
ネコカギのスワロバックチャーム

人気のネコカギを使ったキャンディカラーがやさしいバックチャームです
星のチャームを少しずらして付けたしずく型のスワロがとってもキュート！

designer : sif

ネコカギのスワロバックチャーム

1. 小さな器などでレジン液(N)と着色剤(K、L、M)を混ぜ、3種類の着色レジン液を作る。(パープル×ホワイト、ホワイト、シアン×ホワイト)

2. フレーム(C)を作業台の上に置き、着色したレジン液を3色とも流し込む。その後、乱切りオーロラ(O)を入れてUVライトで3分程度硬化させる。作業台をつけたまま裏からもUVライトで3分程度硬化させる。

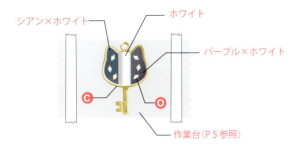

3. 作業台からフレームをはがし、バリがある場合は手やはさみでとる。

4. はがした裏面に、レジン液(N)をコーティングするように流し込み、UVライトで5分程度硬化させる。

5. 表側がぷっくりするくらいまでレジン液(N)を流し込み、乱切りオーロラを少量入れ、チャーム(F)、スワロフスキー(H)を置いて、UVライトで5分程度硬化させる。

チャームのカンがフレームからはみ出すように配置する

6. スカシパーツ(B)にレジン液(N)を垂らし、スワロフスキー(I)を置いて、UVライトで5分程度硬化させる。

7. スワロフスキー(J)をAカン(G)で挟む。

8. 手順5～7のパーツをイラストのように丸カン(E)でつないだら、スターダスト丸カン(D)でバックチャーム(A)につなぐ。

A	バックチャーム No.6	(本金メッキ/1個)
B	スカシパーツ花十弁立体	(約16mm/ゴールド/1個)
C	デザインフレームネコカギ	(ゴールド/1個)
D	デザイン丸カンツイスト No.2	(8mm/ゴールド/1個)
E	丸カン	(0.7×3.5mm/ゴールド/4個)
F	チャーム星 No.5	(アンティークゴールド/1個)
G	Aカンカン付	(小/ゴールド/1個)
H	スワロフスキー #1088	(PP31/クリスタル/1個)
I	スワロフスキー #1088	(SS39/スモーキーモーブ/1個)
J	スワロフスキー #6000	(11×5.5mm/クリスタル/1個)
K	宝石の雫	(シアン/適量)
L	宝石の雫	(ホワイト/適量)
M	宝石の雫	(パープル/適量)
N	UVレジン 太陽の雫 ハードタイプ クリア	(適量)
O	ピカエース乱切りオーロラ	(ホワイト/適量)

NO. 63
パールのホワイトかんざし

束ねた髪にワンポイント
大きすぎず小さすぎず、さまざまなシーンで大活躍

designer : Revecka *

パールのホワイトかんざし

1. アクリル花（A）と 5mm パール（C）、7mm パール（B）に T ピン（H）をさし、先を丸める。アクリル花にさした方の T ピンは、丸めた後にアクリル花に沿うように曲げておく。

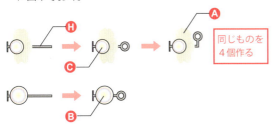

2. 二つ折りにしたワイヤー（E）を手順 1 のパーツに通し、ねじり合わせる。

3. ヘアー金具（F）の 5 個あるカンのうち、左から 2 番目のカンに手順 2 のパーツを通し、左 2 個のカンの根本に 2 回巻きつける。真ん中のカンにも、右から 2 番目のカンにも手順 2 のパーツを通し、それぞれ根本に 2 回巻きつける。余ったワイヤーは切る。

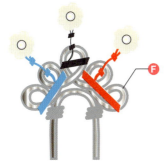

※ 説明のためにワイヤーの色は変えています
※ 実寸とは異なります

4. 7mm パール（C）3 個をワイヤーに通し、手順 3 の上から好きな位置に巻き付け、ヘアー金具のカンに端を巻き付けて留める。余ったワイヤーは切る。

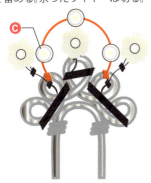

5. チェーン（D）2 本の先端にそれぞれ手順 1 の残っているパーツを丸カン（G）でつなぐ。

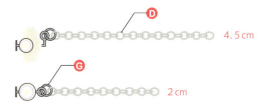

6. ヘアー金具のカンに丸カン（G）を通し、手順 5 のチェーン 2 本の先端をまとめてつないで閉じる。

- A ドイツ製アクリル花 16（14mm/ クリスタルマット / 4 個）
- B シルキーパール（7mm/ ピュアホワイト / 4 個）
- C シルキーパール（5mm/ ピュアホワイト / 4 個）
- D チェーン K-106（ロジウムカラー / 4.5cm1 本 2cm1 本）
- E アーティスティックワイヤーディスペンサー（#30/ ノンターニッシュシルバー / 20cm4 本）
- F ヘアー金具カンザシ 5 カン付（ロジウムカラー / 1 個）
- G 丸カン（0.7×4mm/ ロジウムカラー / 3 個）
- H T ピン（0.5×15mm/ ロジウムカラー / 5 個）

NO. 64
パールのイエローかんざし

少し華やかな席でもこれひとつでスタイルアップ
ホワイトかんざしと合わせて使えば最強のアイテムに

designer：Revecka＊

パールのイエローかんざし

1. 二つ折りにしたワイヤー（F）にそれぞれイラストのようにパール類（C、D）、スカシパーツ（B）、アクリル花（A）、を通して、根元までねじり合わせる。

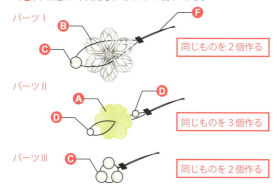

2. 手順1のパーツⅠとパーツⅢを合わせて、イラストのようにパーツから離れた位置でねじり合わせる。

3. パーツⅡを3本、ねじり合わせる。

4. ヘアー金具（G）の5個あるカンのうち、左から2番目のカンに手順2のパーツを通し、左2個のカンに巻き付けて留める。真ん中のカンにも右から2番目のカンにもそれぞれ手順2、手順3のパーツを巻き付ける。余ったワイヤーは切る。

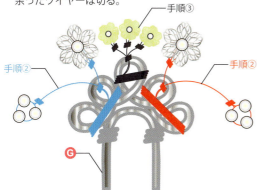

※説明のためにワイヤーの色は変えています
※実寸とは異なります

5. 残りの5mmパール（C）にTピン（I）をさし、先を丸める。同じように3mmパール（D）、アクリル花（A）にもTピンをさし、先を丸める。アクリル花にさした方のTピンは、丸めた後にアクリル花に沿うように曲げる。

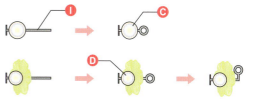

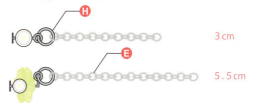

6. チェーン（E）2本の先端にそれぞれ手順5のパーツを丸カン（H）でつなぐ。

7. ヘアー金具のカンに丸カン（H）を通し、手順6のチェーン2本の先端をまとめてつないで閉じる。

※実寸とは異なります

A	ドイツ製アクリル花16（14mm/イエローマット/4個）
B	スカシパーツ花六弁（約22mm/ロジウムカラー/2個）
C	シルキーパール（5mm/ピュアホワイト/9個）
D	シルキーパール（3mm/ピュアホワイト/7個）
E	チェーンK-106（ロジウムカラー/5.5cm1本 3cm1本）
F	アーティスティックワイヤーディスペンサー（#30/ノンターニッシュシルバー/20cm7本）
G	ヘアー金具カンザシ5カン付（ロジウムカラー/1個）
H	丸カン（0.7×4mm/ロジウムカラー/3個）
I	Tピン（0.5×15mm/ロジウムカラー/2個）

NO. 65
ヒトデのロングネックレス

大きなヒトデチャームにゴールドチェーンのタッセルが
胸元でゆれるネックレス
チェーンの長さは調節してもOK

designer：Dainty

NO. 66
べっ甲フープのイヤリング

大きめのべっ甲パーツで大人っぽく
クラシック感漂う落ち着いたデザインのイヤリングです

designer：岩橋陽毬

ヒトデのロングネックレス

1. 4.5cmチェーン（C）25本の全ての端にテグス（D）を通した後、テグスの先を両方とも円柱キャップ（E）に通し、円柱キャップはそのままチェーンにかぶせる。

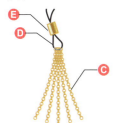

2. テグスを一度かた結びしてから、端を2本まとめてボールチップ（F）、つぶし玉（G）に通す。通したらつぶし玉をつぶしてボールチップを閉じる。

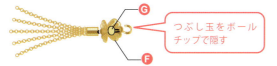

つぶし玉をボールチップで隠す

3. 85.5cmチェーン（C）の両端のコマにワイヤー（材料外）を通し、ストッパー（B）にワイヤーの両端をさしこんで反対側から引っ張る。

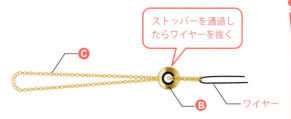

ストッパーを通過したらワイヤーを抜く

4. 85.5cmチェーンの片方の端に手順2のパーツを、もう片方の端にチャーム（A）を丸カン（H）でつなぐ。

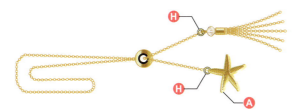

- A 真鍮プレスチャームヒトデ2（ゴールド／1個）
- B シリコン入ストッパー（7.5×4mm／ゴールド／1個）
- C チェーン225SRA（ゴールド／4.5cm 25本、85.5cm 1本）
- D テグス（2号／5cm1本）
- E 円柱キャップ（5.4mm／ゴールド／1個）
- F 変形ボールチップシェル（ゴールド／1個）
- G つぶし玉（1.5mm／ゴールド／1個）
- H 丸カン（0.7×3.5mm／ゴールド／2個）

べっ甲フープのイヤリング

1. アクリルパーツ（A）とスターダスラウンド（B）を接着剤かレジン液で付ける。

アクリルパーツの接着には強力接着剤「エクセルエポ」を使用するとよい

2. スターダスラウンドにレジン液を薄く塗り、スワロフスキー（C、D）とパール（E）を配置してUVライトで2分ほど硬化させる。その後、竹串でスワロフスキーとパールのすき間を埋めるように塗り、UVライトで10分程度硬化させる。

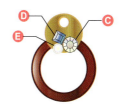

3. スターダスラウンドの穴と、イヤリング金具（F）のカン部分を、丸カン（G）2個でつなぐ。

- A アクリルパーツラウンドべっ甲
  （大（約17mm／約25mm）／べっ甲／2個）
- B スターダスラウンド1穴（約12mm／ゴールド／2個）
- C スワロフスキー#1088（SS29／クリスタル／2個）
- D スワロフスキー#4428（4mm／アクアマリン／F／2個）
- E アクリル無穴パール（4mm／ホワイト／2個）
- F イヤリングネジバネネジ切カン付
  （4mm／ゴールド／1ペア）
- G 丸カン（0.7×4mm／ゴールド／4個）

NO. 67
フラワークリスタルペンダント

レジン液の透明感を生かした作品です
デザイン丸カンを大小2つ閉じ込めて、表面にスワロをあしらった
上品ながらも目を引くペンダントです

designer：sif

フラワークリスタルペンダント

1. フレーム（A）の下に、フレームより少し大きめに切ったフィルムを敷き、フレームに底ができる程度までレジン液（L）を流し込み、UVライトで3分程度硬化させる。

2. フレームの半分程の高さまでレジン液を流し込み、UVライトで3分程度硬化させる。

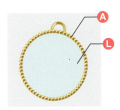

3. 裏返し、フィルムをつけたままUVライトで4分程度硬化させる。その後、フィルムを剥がし、液がはみ出している場合は、手やハサミを使って取る。

4. 裏面をコーティングするようにレジン液を流し込み、UVライトで2分程度硬化させる。

5. 表に返しデザイン丸カン（J、K）を入れ、フレームの縁から1mm程度下までレジン液を流し込み、UVライトで2分程度硬化させる。

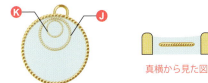

真横から見た図

6. スカシパーツ（B、C）、菊座（G）を配置し、表面が多少膨らむ位までレジン液を流し込む。スワロフスキー（D、E、F）を配置してからUVライトで5分程度硬化させる。

※ 配置直後に硬化させるのではなく、少し時間を置いてから硬化させると、余計なレジン液が菊座の下に流れ落ちるため、接着力が強くなり、見映えも良くなります。

7. 平ヤットコで開けたバチカン（H）に、アジャスター付きチェーンネックレス（I）とフレームのカン部分を通し、バチカンを閉じる。（P11参照）

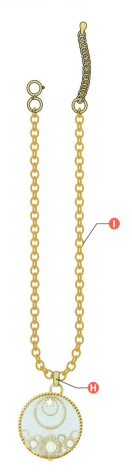

- A デザインフレームミル打ラウンド（30mm/ゴールド/1個）
- B スカシパーツ花十弁立体（約16mm/ゴールド/1個）
- C スカシパーツ月（約9×32mm/ゴールド/1個）
- D スワロフスキー #1088（SS29/クリスタルAB/1個）
- E スワロフスキー #1088（PP31/クリスタルAB/2個）
- F スワロフスキー #4745（5mm/クリスタルAB/F/1個）
- G 菊座（6mm/ゴールド/2個）
- H 甲丸バチカン（中/ゴールド/1個）
- I チェーンネック K-106 約60cm アジャスター付（ゴールド/1個）
- J デザイン丸カンツイスト口閉じ（15mm/ゴールド/1個）
- K デザイン丸カンツイスト No.2（8mm/ゴールド/2個）
- L UVレジン太陽の雫ハードタイプクリア（適量）

NO. 68

チェコフィンガーブレス

種のような形をしたチェコピップとスカシパーツ
を合わせたフィンガーブレス
パールがアクセントになって手の甲をやさしく
ひきたててくれます

designer : Revecka *

チェコフィンガーブレス

1. パール（E）にＴピン（K）をさし、先を丸める。

同じものを5個作る

2. イラストのようにチェーン（F）、スカシパーツ（A、B）、カニカン（H）、アジャスター（G）を丸カン（I）でつなぐ。

3. チェコプレスピップ（C、D）を各色4個ずつ三角カン（J）で、手順1のパーツを3個、6cmのチェーン部分につなぐ。

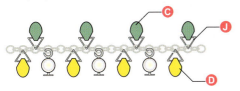

三角カンは切れ目部分をニッパーで切って、チェコプレスピップの幅に合わせる。

4. チェコプレスピップ（、）各色1個に三角カンを通して閉じる。

5. 手順1のパーツ2個と手順4のパーツを集めて1個の丸カンに通し、11cmチェーンの根元部分につなぐ。

- **A** スカシパーツ月（約9×32mm/ロジウムカラー/1個）
- **B** スカシパーツ花14弁（約27mm/ロジウムカラー/1個）
- **C** チェコプレスピップ（5×7mm/オパックグリーン/5個）
- **D** チェコプレスピップ（5×7mm/オパックイエロー/5個）
- **E** シルキーパール（5mm/ピュアホワイト/5個）
- **F** チェーン K-106（ロジウムカラー/11cm1本、7cm2本、6cm1本）
- **G** アジャスター No.2（ロジウムカラー/1個）
- **H** カニカン No.1（ロジウムカラー/1個）
- **I** 丸カン（0.7×4mm/ロジウムカラー/9個）
- **J** 三角カン（0.6×5×5mm/ロジウムカラー/10個）
- **K** Ｔピン（0.5×15mm/RCメッキ/5個）

NO. 69
ホワイトブーケイヤリング

白とピンクでまとめた愛らしいイヤリング
お食事会やデートなどシーンを選ばずおしゃれが楽しめます

designer：JOLI ALISA

ホワイトブーケイヤリング

1. 石座（E）にスワロフスキー（D）をのせ、ツメを倒して固定する。

2. 丸小ビーズ（B）、ドイツ製ドロップビーズ（H）にTピン（K）をさし、先を丸める。

3. スカシパーツ（F）の中心に、手順1のパーツを接着剤かレジン液で付ける。

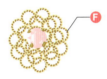

4. スワロフスキーを囲むように、チェコベルフラワー（A）、丸小ビーズ（B）、スワロフスキー（C）をテグス（L）で編み付ける。

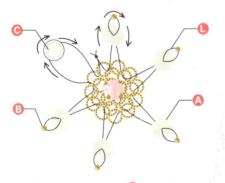

5. 手順4のパーツに、チャーム（G）と、手順2のパーツを、丸カン（J）2個でつなげる。

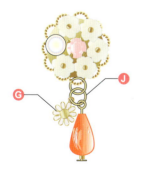

6. イヤリング金具（I）を、スカシパーツに接着剤で付ける。

接着剤でスカシパーツの裏面に付ける

- Ⓐ チェコベルフラワー（5×8mm／シルクホワイトパール／10個）
- Ⓑ TOHO 丸小ビーズ（2mm／No.557／12個）
- Ⓒ スワロフスキー #5810（6mm／ホワイト／2個）
- Ⓓ スワロフスキー #1088（SS29／クリスタル Lt. コーラル／2個）
- Ⓔ 石座 #1028/#1088用（SS29／ゴールド／2個）
- Ⓕ スカシパーツ花六弁（15mm／ゴールド／2個）
- Ⓖ チャーム忘れな草（エポ付）（H10×W7.5mm／ホワイト／G／2個）
- Ⓗ アクリルドイツ製ドロップ1（14×8mm／コーラル／2個）
- Ⓘ イヤリングネジバネ丸皿（8mm／ゴールド／1ペア）
- Ⓙ 丸カン（0.5×3.5mm／ゴールド／4個）
- Ⓚ Tピン（0.5×30mm／ゴールド／2個）
- Ⓛ テグス（3号／30cm2本）

NO. 70
宇宙ドームのループタイ

神秘的な色合いが
まるで宇宙のようなループタイ
胸元のおしゃれ度がひときわ際立ちます
シンプルコーデのアクセントに

designer：sif

宇宙ドームのループタイ

1. 小さな器などでレジン液（J）と着色剤（L～P）を混ぜ、6種類の着色レジン液を作る。（シアン、イエロー、パープル、シアン×イエロー、ブルー、ホワイト）

2. ミール皿（A）にホワイトで着色したレジン液を薄く流し込み、UVライトで2分程度硬化させる。

3. ソフトモールド半球（材料外：28mm）に半分程度までレジン液（J）を流し込み、乱切りオーロラ（K）を入れてから、スワロフスキー（B、C）、デザイン丸カン（H）を配置する。

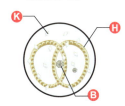 

スワロフスキーは表面がモールドの底側になるように配置する

4. 着色レジン液5色を暗い色から順番に表面が覆われるくらいまで少しずつ流し込む。竹串などで色の境目をぼかし、乱切りオーロラを入れ、UVライトで5分程度硬化させる。冷めたらモールドから取り出す。

パープル、ブルー、シアン、シアン×イエロー、イエローの順番で流し込む

5. 半球モールドに着色レジン液を流した時と同じ順番でミール皿の底が隠れる程度に流し込み、UVライトで2分程度硬化させる。

6. 手順5のパーツに、レジン液（J）を少量流し込み、手順4のパーツの平らな面を上からかぶせ、UVライトで5分程度硬化させる。

7. 接着剤でループタイ金具（F）をミール皿に固定し、チェーン（E）を通す。

8. チェーンの両端に接着剤をつけ、カツラ（G）にさしこんで固定する。

9. カツラに丸カン（I）でチャーム（D）をつなぐ。

A	デザインミール皿百合枠（約28mm/ゴールド/1個）
B	スワロフスキー #1088（SS29/CRY.ブルーシェード/1個）
C	スワロフスキー #1088（PP21/アクアマリン/1個）
D	チャーム星 No.1（アンティークゴールド/2個）
E	チェーン K-115（ゴールド/80cm）
F	ループタイセット（ゴールド/1個）
G	カツラ（1.8mm/ゴールド/2個）
H	デザイン丸カンツイスト口閉じ（15mm/ゴールド/2個）
I	丸カン（0.7×3.5mm/ゴールド/2個）
J	UVレジン太陽の雫ハードタイプクリア（適量）
K	ピカエース乱切りオーロラ（ホワイト/適量）
L	宝石の雫（シアン/適量）
M	宝石の雫（ブルー/適量）
N	宝石の雫（パープル/適量）
O	宝石の雫（イエロー/適量）
P	宝石の雫（ホワイト/適量）

貴和製作所 浅草橋支店
〒111-0053　東京都台東区浅草橋 1-9-13
大手町建物浅草橋駅前ビル
Tel：03-3865-8521　Fax：03-3864-0351

貴和製作所 スワロフスキー・クリスタル館
〒111-0053　東京都台東区浅草橋 1-9-12 秀山ビル
Tel：03-3865-5621　Fax：03-5833-6932

オンラインショップ
http://www.kiwaseisakujo.jp/

貴和製作所 外商部（FAX 注文）
Tel：03-3863-6411　Fax：03-3863-5283
mail：gaisho-1@kiwa-inc.co.jp
http://www.kiwaseisakujo.jp/shop/pages/hojin.aspx
＊こちらからご注文用紙が印刷できます。

店舗により、一部取り扱いの無い商品があります。また、余儀なく商品が終了する場合もございますので、予めご了承ください。本書の内容・作品の作り方に関するお問い合わせは、repicbook 株式会社の下記のメールアドレスからご連絡をお願いします。

 accessory@repicbook.com

かんたんで、かわいい。
貴和製作所 監修　手作りアクセサリー

2017 年 10 月 27 日　第 2 刷発行

モデル	島田 裕美
モデル撮影	中村 彰男
ヘアーメイク	吉田 美幸（B★side）
スタイリスト	徳永 絵美

編集人	江川 淳子、諏訪部 伸一、野呂 志帆
発行人	諏訪部 貴伸
発行所	repicbook（リピックブック）株式会社 〒353-0004　埼玉県志木市本町 5-11-8 TEL/ FAX　048-476-1877 http://repicbook.com
印刷・製本	株式会社シナノパブリッシングプレス

乱丁・落丁本は、小社送料負担にてお取り替えいたします。
この作品を許可なくして転載・複製しないでください。
紙のはしや本のかどで手や指を傷つけることがありますのでご注意ください。

© 2017 repicbook, Inc.　Printed in Japan　ISBN978-4-908154-08-9